차시	날짜	빠르기	정확도	확인란
1	월 일	타	%	
2	월 일	타	%	
3	월 일	타	%	
4	월 일	타	%	
5	월 일	타	%	
6	월 일	타	%	
7	월 일	타	%	
8	월 일	타	%	
9	월 일	타	%	
10	월 일	타	%	
11	월 일	타	%	
12	월 일	타	%	

차시	날짜	빠르기	정확도	확인란
13	월 일	타	%	
14	월 일	타	%	
15	월 일	타	%	
16	월 일	타	%	
17	월 일	타	%	
18	월 일	타	%	
19	월 일	타	%	
20	월 일	타	%	
21	월 일	타	%	
22	월 일	타	%	
23	월 일	타	%	
24	월 일	타	%	

이 책의 목차

01 #한글 #인공지능

몬스터 캐릭터 만들기 **04**

02 #한글 #인공지능

나만의 버킷리스트 만들기 **11**

03 #한글 #인공지능

선거 공약 포스터 만들기 **18**

07 #인터넷 #한글 #인공지능

미술 작품 전시장 만들기 **45**

08 종 합 평 가

쿠키런 타로카드 만들기 **52**

09 #인터넷 #인공지능 #한글

이모티콘 에도쿠 만들기 **54**

13 #인터넷 #한글

명화 픽셀 아트 만들기 **81**

14 #한글 #인터넷 #인공지능

AI로 스토리 만들어 웹툰 작가되기 **89**

15 #한글

할로윈 호박 귀신 만들기 **96**

19 #인공지능 #한글

메일 머지로 학생증 만들기 **121**

20 #인공지능 #한글

학급신문 만들기 **127**

21 #인공지능 #인터넷 #한글

OTT 첫 화면 만들기 **133**

04 #인공지능 #인터넷 #한글

☆☆벅스 QR 메뉴판 만들기 **25**

05 #한글 #인터넷

3D 지도로 안내장 만들기 **31**

06 #한글 #인터넷

미니어처 종이 스퀴시 만들기 **38**

10 #인터넷 #한글

내 방 책꽂이 꾸미기 **61**

11 #인터넷 #한글

햄버거 가게 키오스크 만들기 **68**

12 #인공지능 #한글

밸런스 게임 카드 만들기 **75**

16 종합평가

태양계 행성 만들기 **104**

17 #한글 #인터넷 #인공지능

체험학습 보고서 만들기 **106**

18 #한글 #인터넷

과거에는 자장면이 얼마였을까? **114**

22 #인공지능 #한글

게임 캐릭터 카드 만들기 **140**

23 #인공지능 #한글

대한민국~! 태극기 만들기 **147**

24 종합평가

인공지능으로 소설책 만들기 **154**

CHAPTER 01 몬스터 캐릭터 만들기

오늘의 작품

📁 **실습 및 완성파일** [Chapter 01] 폴더

드리카트

오늘의 TOON — **ChatGPT에서 원하는 자료 검색하기**

ChatGPT는 입력한 질문에 대한 답을 알려주는 인공지능이에요.

답변이 마음에 들지 않을 경우 추가 질문을 통해서 원하는 결과를 얻을 수 있어요.

01 한글 2022를 실행한 후 [내 컴퓨터에서 불러오기]를 클릭해요. [불러오기] 대화상자가 나오면 [Chapter 01] 폴더에서 **몬스터캐릭터.hwp** 파일을 불러와요.

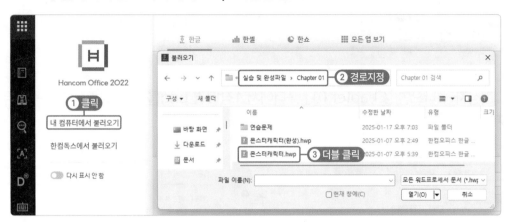

02 문서가 열리면 F7을 눌러 [편집 용지] 대화상자에서 **폭(160mm)과 길이(280mm)**을 지정하고 **용지 여백**을 모두 **0**으로 입력한 후 <설정>을 클릭해요.

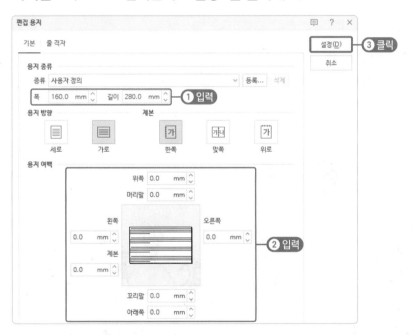

03 문서에 배경을 지정하기 위해 [쪽] 탭에서 **[쪽 테두리/배경]**을 클릭해요.

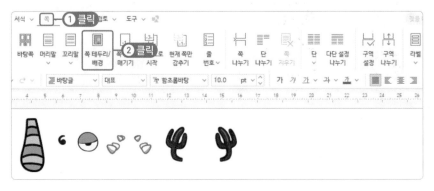

04 [쪽 테두리/배경] 대화상자가 나오면 [배경] 탭에서 **그림**을 체크한 후 **그림 선택**(📁)을 클릭해요.

05 [그림 넣기] 대화상자가 나오면 [Chapter 01] 폴더에서 **1장배경.png**를 더블 클릭한 후 [쪽 테두리/배경] 대화상자에서 <설정>을 클릭해요.

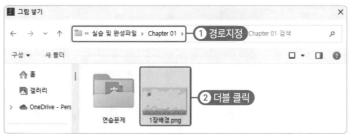

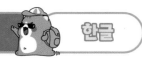

STEP 2 캐릭터 완성하기

01 Ctrl을 누른 채 원하는 그림을 드래그하여 캐릭터 얼굴에 꾸며보세요.

 그림 복사

Ctrl을 누른 채 그림을 드래그하면 원하는 위치에 복사할 수 있어요.

TIP 그림 앞으로(⬜)와 뒤로(⬜)

① 그림이 얼굴 앞쪽으로 배치되었을 경우에는 [그림(🎤)] 탭-[뒤로(⬜)]를 클릭해서 얼굴 그림 뒤로 이동시켜요.

② 그림이 얼굴 뒤쪽으로 배치되었을 경우에는 [그림(🎤)] 탭-[앞으로(⬜)]를 클릭해서 얼굴 그림 앞으로 이동시켜요.

③ [그림(🎤)] 탭-[앞으로]-[맨 앞으로] 또는 [그림(🎤)] 탭-[뒤로]-[맨 뒤로]를 클릭하면 그림을 한 번에 이동시킬 수 있어요.

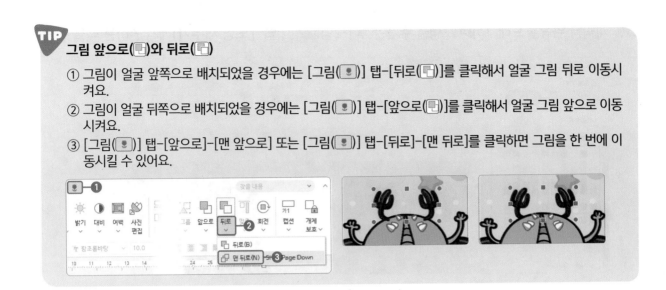

02 오른쪽 눈을 선택한 후 좌우대칭이 되도록 [그림(🎤)] 탭-[회전(◉)]-**[좌우 대칭]**을 클릭해요.

03 도형을 삽입하기 위해 [입력] 탭-[자세히(⬇)]-**[다른 그리기 조각]**을 선택해요.

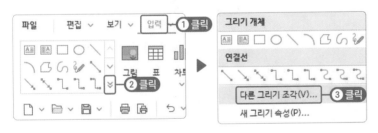

04 [그리기마당] 대화상자가 나오면 [그리기 조각] 탭-[순서도]-**준비**를 선택한 후 <넣기>를 클릭해요.

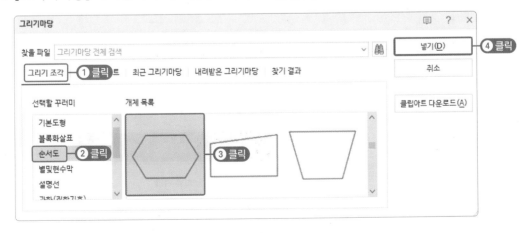

05 캐릭터 위쪽을 드래그하여 도형을 추가한 후 [도형(📷)] 탭-**[도형 채우기]**에서 원하는 색을 선택해요.

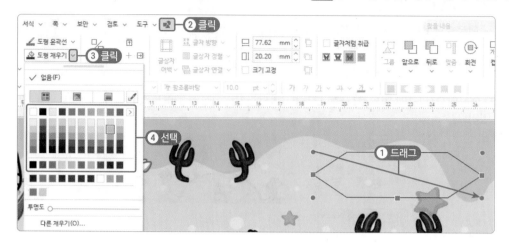

06 선의 두께를 변경하기 위해 [도형(📷)] 탭-[도형 윤곽선]-[선 굵기]-**[0.5mm]**를 선택해요.

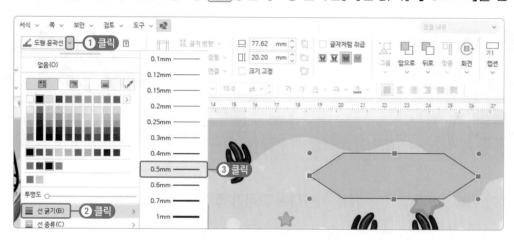

 STEP **3** 캐릭터 이름 짓기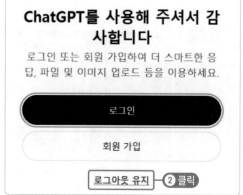

01 **구글 크롬(◉)**을 실행하여 검색 칸에 **chatgpt.com**을 입력한 후 Enter를 눌러요. 로그인 대화상자가 나오면 **로그아웃 유지**를 클릭해요.

02 아래 예처럼 질문을 입력한 후 `Enter`를 눌러요. ChatGPT가 여러 가지 이름을 추천해 주면 원하는 이름을 블록으로 지정하고 `Ctrl`+`C`를 눌러 복사해요.

> **질문 예**   뿔이 달리고 날개가 있는 몬스터 캐릭터 이름을 추천해 줘

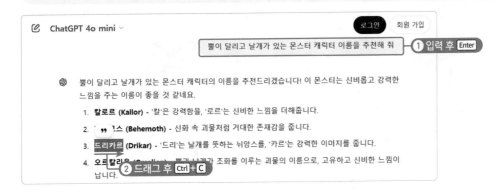

> **TIP ChatGPT 활용**
>
> 질문 내용을 자세하게 입력할수록 더 정확한 결과를 얻을 수 있어요. 단, ChatGPT가 알려주는 결과는 매번 달라질 수 있으니 참고해 주세요.

03 한글 도형 위에서 마우스 오른쪽 버튼을 눌러 **[도형 안에 글자 넣기]**를 클릭한 후 `Ctrl`+`V`를 눌러요. **[HTML 문서 붙이기]** 대화상자가 나오면 **텍스트 형식으로 붙이기**를 선태한 후 **<확인>**을 클릭해요.

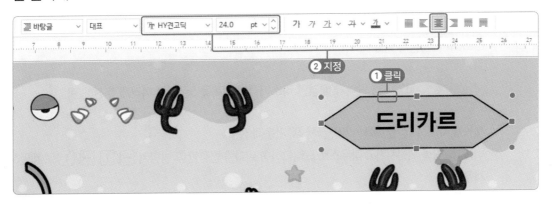

04 도형의 테두리를 선택하고 [서식] 도구 상자에서 **글꼴, 글자 크기, 가운데 정렬**을 지정한 후 저장(💾)을 클릭해요.

> **TIP 글자 서식 및 속성 지정**
>
> 한글 작품 만들기의 글자 서식(글꼴, 글자 크기, 글자 색 등) 및 속성(진하게, 기울임, 그림자 등) 지정은 여러분이 원하는 것으로 선택하세요.

'퍼즐.hwp' 파일을 불러와 작성 조건에 맞게 퍼즐을 완성해 보세요.

📁 **실습 및 완성파일** [Chapter 01]–[연습문제] 폴더

▹ 배경 삽입(❶) : 배경2.png
▹ 그리기 조각(❷) : [설명선]–[사각형 설명선], 도형 채우기 및 선 굵기
▹ ChatGPT : 5글자 퍼즐 제목

> **질문 예**   고양이와 판다가 배경인 직소퍼즐의 제목을 5글자로 여러개 추천해 줘.

▹ 제목 글자(❸) : 글꼴, 글자 크기, 글자 색, 가운데 정렬
▹ 퍼즐 : 그림을 회전시키고 마우스로 드래그하여 위치를 변경한 후 방향키(←, ↑, →, ↓)로 세밀하게 맞춤

HINT⭐   **도형 회전**

도형을 선택한 후 [그림(🖼)] 탭-[회전]-[왼쪽으로 90도 회전] 또는 [오른쪽으로 90도 회전]을 선택하여 도형을 회전시켜요.

나만의 버킷리스트 만들기

한글 ··· 한컴 애셋에서 원하는 문서를 불러올 수 있습니다.

한글 ··· 양식 개체를 이용하여 선택 상자를 추가할 수 있습니다.

인공지능 ··· ChatGPT로 초등학생에게 인기 있는 버킷리스트를 확인할 수 있습니다.

오늘의 작품

실습 및 완성파일 [Chapter 02] 폴더

BUCKET LIST

초등학교 버킷리스트

자전거 여행	☐
마술 배우기	☑
애완동물 기르기	☐
아나운서 직업 체험	☑
캠핑	☑
제주도 가족 여행	☐
아쿠아리움 방문	☐
게임 최고 접수 달성하기	☐
야구 배우기	☑
나만의 책 만들기	☐

BUCKET LIST

중학교 버킷리스트

유럽 여행	☐
일본 온천 여행	☑
프로야구 경기 관람	☐
서울 맛집 탐방	☑
몸짱 되기	☐
스카이 다이빙 체험	☐
울릉도 독도 방문	☐
자원봉사 활동	☐
스포츠 챌린지	☑
나만의 유튜브 채널 운영	☐

오늘의 **TOON** **ChatGPT에서 원하는 항목 개수로 검색하기**

ChatGPT로 질문에 대한 결과를 얻을 때 원하는 목록의 수나 양을 함께 입력하면
거기에 맞게 목록을 만들어줘요.

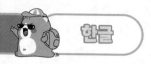

01 한글을 실행한 후 [도구] 탭-**[한컴 애셋]**을 클릭해요. [한컴 애셋] 대화상자가 나오면 [한글 서식] 탭의 검색 칸에 **버킷리스트**를 입력한 후 Enter를 눌러요.

02 두 개의 문서가 나오면 첫 번째 문서의 **내려받기( )**를 클릭해요.

03 문서가 열리면 Shift를 누른 채 왼쪽과 오른쪽 제목을 선택한 후 [서식] 도구 상자에서 **글꼴**과 **글자 크기**를 지정해요.

TIP 문서 글꼴 정보 삭제하기

맨 위쪽에 문서에 대한 글꼴 정보가 나오면 마우스로 드래그한 후 Delete 눌러 삭제해 주세요.

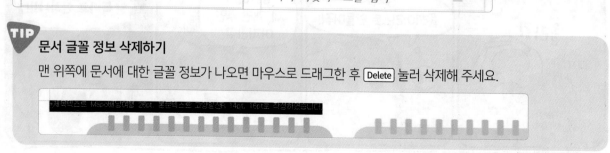

04 Shift를 누른 채 왼쪽과 오른쪽 첫 번째 누름틀을 선택한 후 [서식] 도구 상자에서 **글꼴**, **글자 크기**, **가운데 정렬**을 지정해요.

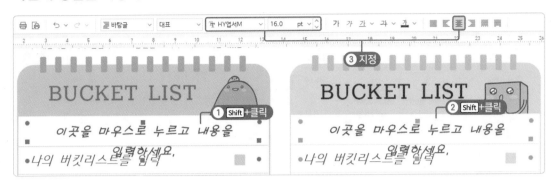

05 왼쪽 누름틀 안쪽을 클릭하여 **초등학교 버킷리스트**를 입력하고 Esc를 누른 후 글자색을 변경해요. 오른쪽도 내용(**중학교 버킷리스트**)을 입력한 후 글자색을 변경해 보세요.

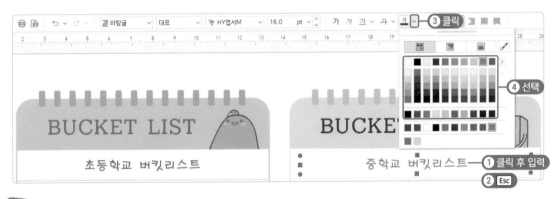

> **TIP** 글자 서식 및 속성 지정
>
> 맨 위쪽에 문서에 대한 글꼴 정보가 나오면 마우스로 드래그한 후 Delete 눌러 삭제해 주세요.

STEP 2 선택 상자 추가하기 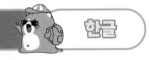 한글

01 선택 상자를 추가하기 위해 [입력] 탭-[개체]-[양식 개체]-**[선택 상자]**를 클릭해요.

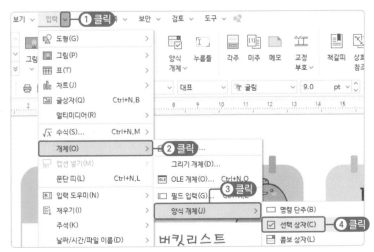

02 추가된 선택 상자를 클릭한 후 [양식 개체(▤)] 탭-**[속성 보이기/숨기기(▨)]**를 선택해요.

03 오른쪽에 [양식 개체 속성] 창이 나오면 Caption 항목의 **선택 상자1**을 드래그하여 [Delete]를 눌러 삭제한 후 작업 창 닫기([×])를 클릭해요.

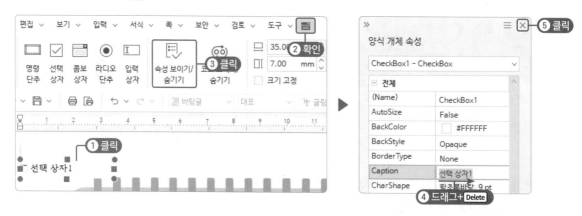

04 조절점을 이용하여 선택 상자 개체에 맞게 상하좌우 크기를 변경한 후 **[글자처럼 취급]**의 선택을 해제하고 **[글 앞으로(▥)]**를 선택해요.

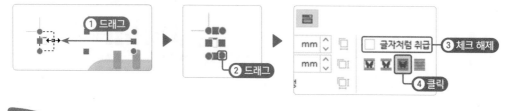

> **TIP**
> **화면 확대/축소(○ ▭ 🔍 115%)**
> 선택 상자의 크기가 작아 작업이 힘들다면 화면을 확대해서 작업해요.

05 선택 상자를 마우스로 드래그하여 리스트 첫 번째 항목 오른쪽에 배치한 후 [Ctrl]+[Shift]를 누른채 아래 방향으로 드래그해요. 같은 방법으로 모든 리스트 항목에 선택 상자를 복사해요.

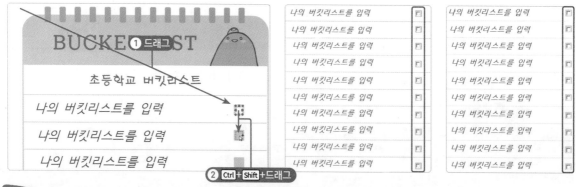

> **TIP**
> **개체 복사**
> ① [Ctrl]+[Shift]를 누른 채 개체를 드래그하면 반듯한 일직선으로 복사할 수 있어요.
> ② [Ctrl]을 누른 채 개체를 드래그하면 원하는 위치에 복사할 수 있어요.

06 편집 상태를 해제하기 위해 선택 상자 한개를 선택한 후 [양식 개체(📑)] 탭-**[양식 편집 상태]**를 클릭해요.

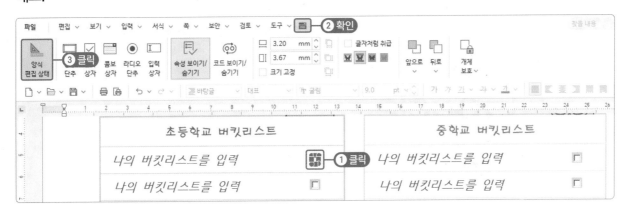

TIP

양식 편집 상태 설정 및 해제

양식 편집 상태가 해제되면 원하는 선택 상자를 클릭하여 체크 표시(☑)를 할 수 있어요. 다시 편집 상태로 돌아가려면 [입력] 탭-[개체]-[양식 개체]-[양식 편집 상태]를 선택해요.

목록 리스트 글자 서식 지정

① 아래쪽 10개의 목록 리스트는 서식을 한 번에 지정할 수 없기 때문에 한 개씩 항목을 선택해야 해요.

② 항목을 선택할 때는 누름틀 안쪽을 클릭하지 말고 글자 위쪽 부분을 클릭(🖱)하여 선택한 후 [서식] 도구 상자에서 원하는 '글꼴'과 '글꼴 크기'로 변경해요.

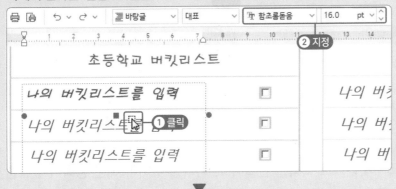

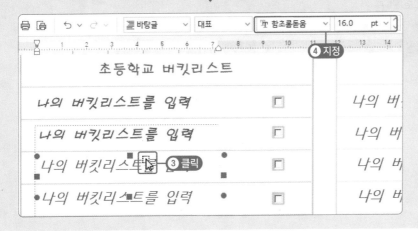

01 **구글 크롬(◎)**을 실행하여 검색 칸에 **chatgpt.com**을 입력한 후 Enter를 눌러요. 로그인 대화상자가 나오면 **로그아웃 유지**를 클릭해요.

02 버킷리스트의 정확한 의미가 무엇인지, 그리고 초등학생과 중학생들에게 인기있는 버킷리스트가 무엇인지 ChatGPT에 질문하고 결과를 확인해요.

> **질문 예**   버킷리스트가 무엇인지 예를 들어 알려줘.

> **질문 예**   초등학생한테 인기있는 버킷리스트 10가지를 알려줘.

03 버킷리스트 결과를 참고하여 리스트 목록을 만들어요. 목록에서 이미 해본 항목이 있다면 체크(☑)를 표시하고 글자 색을 변경해요.

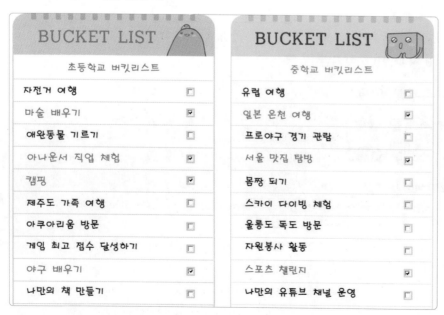

한컴 애셋 문서와 양식 개체를 활용하여 칭찬 스티커 문서를 만들어 보세요.

📁 **실습 및 완성파일** [Chapter 02]–[연습문제] 폴더

❶ 반짝반짝 칭찬 스티커

 ▸ 한컴 애셋(❶) : '별 칭찬판'으로 검색하여 내려받기

▸ 라디오 단추(❷)

- 숫자 1 왼쪽을 클릭한 후 Delete 를 눌러 숫자를 삭제

- [입력] 탭–[개체]–[양식 개체]–[라디오 단추] 삽입

- 양식 개체 속성 : Caption(텍스트 삭제), CharShape(▶) → 기준 크기 : 240pt, BackColor(그림의 별 배경색)

- 글자처럼 취급 해제 → 글 앞으로 → 조절점으로 크기 조절 → 위치 변경

- 별 안의 모든 숫자(2~10) 삭제 → Ctrl 을 누른 채 라디오 단추 드래그(복사) → 양식 편집 상태 해제

HINT ⭐ **별 배경색 색 골라내기**

❶ BackColor는 팔레트 단추(▾)를 클릭한 후 **색 골라내기(🖉)**을 선택해요.

❷ 마우스 포인트가 스포이드 모양으로 변경되면 별의 노란색 부분을 클릭해요.

 ▶

03 CHAPTER
선거 공약 포스터 만들기

한글 ··· 그림을 삽입하여 불필요한 부분을 잘라낼 수 있습니다.

한글 ··· 글맵시를 이용하여 다양한 모양의 글자를 추가할 수 있습니다.

인공지능 ··· ChatGPT에서 인기있는 선거 공약을 확인할 수 있습니다.

오늘의 작품

📁 **실습 및 완성파일** [Chapter 03] 폴더

오늘의 OXOX   ChatGPT는 한 번에 한 가지 질문에 대한 답만 할수 있다!

여러 가지 질문을 하면 헷갈려서 답을 못하지.

VS

나처럼 똑똑해서 여러 가지 질문을 한 번에 해도 답을 할 수 있어.

01 한글을 실행한 후 **선거포스터.hwp** 문서를 불러와요. 문서가 열리면 위쪽 글상자의 테두리를 선택한 후 마우스 오른쪽 버튼을 눌러 **[개체 속성]**을 클릭해요.

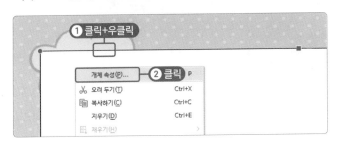

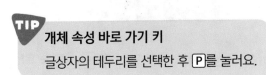

TIP 개체 속성 바로 가기 키
글상자의 테두리를 선택한 후 P를 눌러요.

02 [개체 속성] 대화상자가 나오면 [선] 탭에서 **색(노랑), 종류(파선), 굵기(1.00mm), 곡률 지정(10%)**을 지정하고 <설정>을 클릭해요.

03 아래쪽 글상자도 **색(하늘색), 종류(파선), 굵기(1.00mm), 곡률 지정(10%)**을 지정해요.

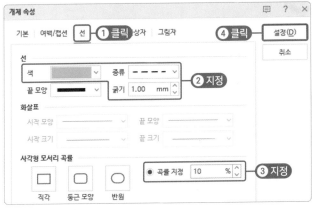

▲ 위쪽 글상자

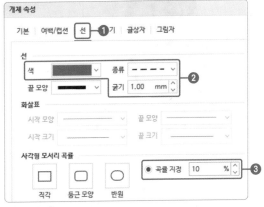

▲ 아래쪽 글상자

04 글상자가 없는 문서 맨 위쪽을 클릭한 후 [입력] 탭에서 **[그림(■)]**을 클릭해요. [그림 넣기] 대화상자가 나오면 [Chapter 03] 폴더에서 **사람.png**를 더블 클릭해요.

TIP 그림 삽입 옵션
한글 작품 만들기에서 그림을 삽입할 때는 '문서에 포함'과 '글자처럼 취급'만 체크해주세요.

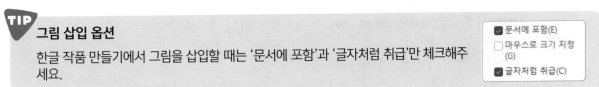

05 그림을 선택한 후 [그림(🌷)] 탭에서 **[글자처럼 취급]**의 선택을 해제하고 **[글 앞으로(🦋)]**를 선택해요.

06 그림의 위치를 변경한 후 Shift를 누른 채 아래쪽 조절점을 위로 드래그하여 필요없는 부분을 잘라내요.

TIP 그림 자르기

[그림(🌷)] 탭에서 [자르기(▥)]를 선택하여 작업할 수도 있어요

STEP 2 글맵시 삽입 및 그림 효과 지정하기   한글

01 글상자가 없는 문서 맨 위쪽을 클릭한 후 [입력] 탭-[글맵시]-🌊를 선택해요.

02 [글맵시 만들기] 대화상자가 나오면 **내용(전교부회장후보)**을 입력하고 **글맵시 모양(⌒)**을 선택한 후 <설정>을 클릭해요.

03 [글맵시()] 탭에서 **[글 앞으로(▼)]**를 선택한 후 위치와 크기를 아래 그림처럼 변경해요. 나머지 글맵시도 그림을 참고하여 추가해 보세요.

> - 기호1번 : 글맵시 스타일(가나다), 글맵시 모양(▨), 글 앞으로(▼)
> - 김영민 : 글맵시 스타일(가나다), 글맵시 모양(▨), 글 앞으로(▼)

04 아래쪽 글상자의 왼쪽 하트 그림을 선택한 후 [그림(🌷)] 탭-[그림 효과]-[그림자]-**[바깥쪽-대각선 오른쪽 아래(▨)]**를 클릭해요.

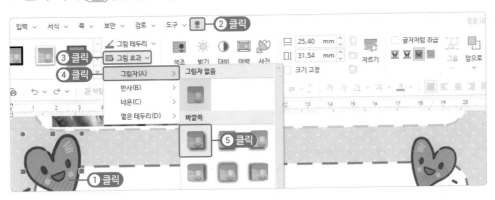

05 오른쪽 하트 그림도 똑같은 방법으로 그림자 효과를 지정해요.

01 구글 크롬(◎)을 실행하여 검색 칸에 **chatgpt.com**을 입력한 후 [Enter]를 눌러요. 로그인 대화상자가 나오면 **로그아웃 유지**를 클릭해요.

02 학생들에게 인기있는 공약은 어떤 것이 있는지 ChatGPT에 질문하고 결과를 확인해요.

> **질문 예**   초등학교 부회장선거 공약 중 인기 있는 공약 10가지만 알려줘.

⌕ ChatGPT 4o mini ⌄   [로그인] [회원 가입]

◉ 물론이죠! 초등학교 부회장 선거에서 인기가 있을 수 있는 공약 10가지를 새로운 내용으로 추천드릴 게요. 부회장은 회장을 도와 학교 생활을 더욱 즐겁고 의미 있게 만들 수 있는 역할을 합니다. 아래는 부회장으로서 제시할 수 있는 또 다른 인기 공약들입니다:

   1. **학교 내 놀이와 운동 활동 확대**
- 점심시간이나 쉬는 시간에 할 수 있는 다양한 운동이나 놀이 활동을 마련하여, 학생들이 더 즐겁게 쉬고 활발하게 활동할 수 있게 도와주겠다고 약속.

   2. **학생들이 자주 이용할 수 있는 휴식 공간 만들기**
- 학급 내 또는 학교 구석에 휴식 공간을 마련하여, 학생들이 편안하게 쉴 수 있는 공간을 제공하겠다고 약속.

   3. **학생 자치 활동을 위한 지원**

---

03 원하는 공약을 아래쪽 글상자에 입력한 후 글자 크기(**숫자-42pt, 글자-32pt**)를 변경해요.

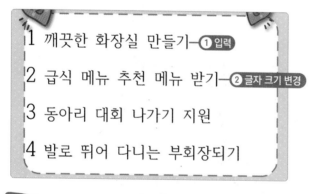

1 깨끗한 화장실 만들기─①입력
2 급식 메뉴 추천 메뉴 받기─②글자 크기 변경
3 동아리 대회 나가기 지원
4 발로 뛰어 다니는 부회장되기

TIP 글자 크기를 빠르게 변경하는 방법

① 숫자를 포함하여 입력한 내용 전체를 블록으로 지정한 후 [서식] 도구 상자에서 글자 크기를 32pt로 변경해요.

② 세로 블록 지정 후 글자 크기 변경 : 숫자 1 왼쪽 클릭 → [F4]를 누른 후 오른쪽 방향키([→]) 1번 → 아래쪽 방향키([↓]) 3번 → 글자 크기 42pt로 변경

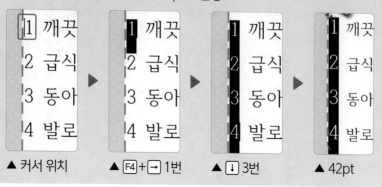

▲ 커서 위치   ▲ [F4]+[→] 1번   ▲ [↓] 3번   ▲ 42pt

04 공약 항목을 마우스로 드래그하여 블록으로 지정한 후 Alt + T 를 누르거나, 마우스 오른쪽 버튼을 눌러 **[문단 모양]**을 클릭해요.

05 [문단 모양] 대화상자가 나오면 [기본] 탭에서 왼쪽 여백을 **40**으로 지정하고 <설정>을 클릭해요.

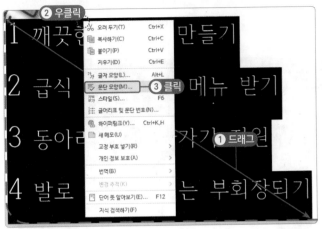
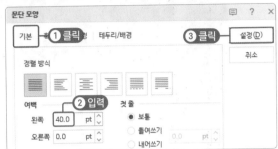

06 공약 내용을 블록으로 지정한 후 아래 그림처럼 **글꼴, 글자 색, 속성** 등을 지정해 보세요.

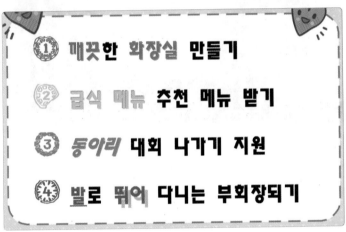

TIP 하트 그림 위치

왼쪽 하트 그림은 공약 내용 글자와 겹치지 않도록 위치를 변경하세요.

TIP 속성 지정하기

내용을 블록으로 지정한 후 Alt + L 을 누르거나, 마우스 오른쪽 버튼을 눌러 **[글자 모양]**을 클릭해요. [글자 모양] 대화상자가 나오면 [기본] 탭에서 원하는 속성을 지정해요.

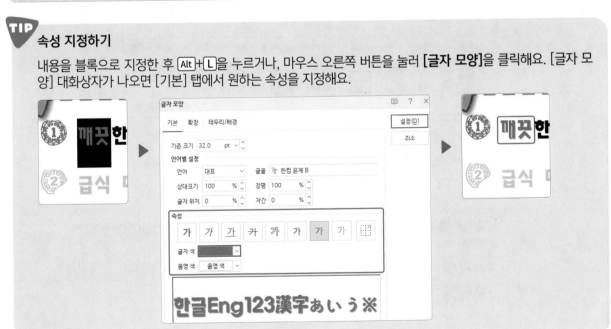

'환경미화.hwp' 파일을 불러와 환경미화 게시판을 만들어 보세요.

📁 **실습 및 완성파일** [Chapter 03]–[연습문제] 폴더

작성조건 ★

▹ 그림 삽입 : '그림1~4', '별', '하트날개', '꽃', '구름', '무지개', '곰돌이'

▹ 그림 배치 : 글 앞으로(▤), 그림 위치 변경

▹ 그림 순서 및 회전(❶) : [그림] 탭–[앞으로]–[맨 앞으로], [그림] 탭–[회전]–[개체 회전]

▹ 그림 스타일(❷) : '그림1~4'는 [그림] 탭에서 그림 스타일을 **회색 아래쪽 그림자**(▧)로 지정

▹ 글맵시1(❸) : 글맵시 스타일(가나다), 글맵시 모양(⬟), 글 앞으로(▤)

▹ 글맵시2(❹) : 글맵시 스타일(가나다), 글맵시 모양(⬮), 글 앞으로(▤)

▹ ChatGPT : 초등학생이 지켜야 할 약속

질문 예   초등학생이 학교 친구들에게 지켜야할 약속은 어떤 것들이 있을까?

▹ 제목(❺) : 글꼴, 글자 크기, 진하게, 그림자, 가운데 정렬

▹ 내용(❺) : 글꼴, 글자 크기, 양각, 가운데 정렬

☆☆벅스 QR 메뉴판 만들기

인공지능	··· ChatGPT에서 QR코드에 대해 알아 볼 수 있습니다.
인터넷	··· 인터넷에서 원하는 QR코드를 만들 수 있습니다.
한글	··· QR코드를 삽입하여 메뉴판을 만들 수 있습니다.

📁 **실습 및 완성파일** [Chapter 04] 폴더

 오늘의 **QUIZ**   **QR코드에 대한 설명 중 잘못된 것은?**

스마트폰에서 QR코드를 인식하면 다른 사이트로 연결할 수 있지. ◯

선으로 이루어진 2D 형식으로 빠르게 정보를 읽을 수 있어. ◯

 전자 결제나 교통 승차권으로는 사용하지 못해. ◯

01 **구글 크롬(◎)**을 실행하여 검색 칸에 **chatgpt.com**을 입력한 후 Enter를 눌러요.

02 QR코드가 어떻게 만들어졌고 어떻게 사용되고 있는지 알아봐요.

> 질문 예   QR코드는 어떻게 만들어졌는지와 어떻게 사용하는지 방법을 알려줘.

01 구글 크롬에서 새 탭(+)을 누른 후 **스타벅스코리아 사이트(starbucks.co.kr)**에 접속해요.

02 해당 사이트가 열리면 **[MENU]** 탭을 선택하고 주소 표시줄의 주소를 클릭한 후 Ctrl+C를 눌러 복사해요.

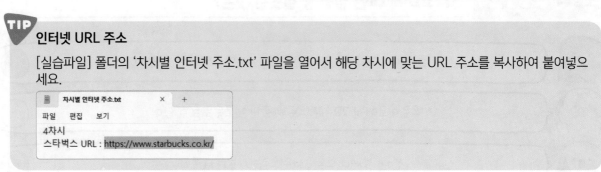

TIP

인터넷 URL 주소

[실습파일] 폴더의 '차시별 인터넷 주소.txt' 파일을 열어서 해당 차시에 맞는 URL 주소를 복사하여 붙여넣으세요.

03 구글 크롬에서 새 탭(+)을 누른 후 QR코드를 만들어주는 사이트(**qr.io**)에 접속해요.

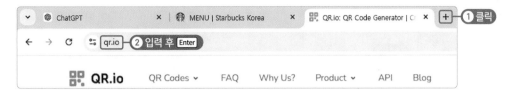

04 해당 사이트가 열리면 **Link**를 선택해요. 이어서, URL 입력 칸을 클릭한 후 Ctrl + V 를 눌러 주소를 붙여넣으면 자동으로 QR코드가 만들어져요.

> **TIP**
>
> **QR코드 캡처**
>
> 한글에서 메뉴판을 작업할 때 해당 QR코드를 캡처해야 하기 때문에 인터넷 창을 닫지 말고 그대로 열어두세요.

STEP 3 QR 코드로 연결되는 커피 메뉴판 만들기 한글

01 한글을 실행한 후 F7 을 눌러요. [편집 용지] 대화상자가 나오면 [기본] 탭에서 **용지 종류(폭 180.0mm, 길이 263.0mm)**와 **용지 여백(모두 0.0mm)**을 변경한 후 <설정>을 클릭해요.

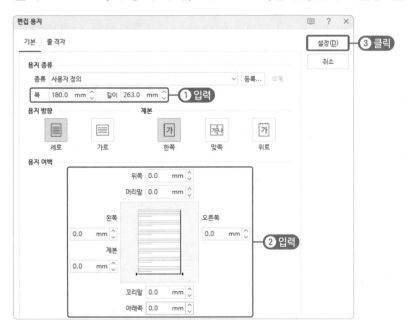

02 문서에 배경을 넣기 위해 [쪽] 탭에서 **[쪽 테두리/배경]**을 클릭해요.

03 [쪽 테두리/배경] 대화상자가 나오면 [배경] 탭에서 **그림**을 체크한 후 **그림 선택(📁)**을 클릭해요.

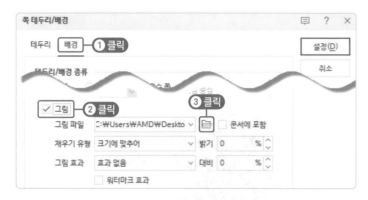

04 [그림 넣기] 대화상자가 나오면 [Chapter 04] 폴더에서 **배경.jpg**를 더블 클릭한 후 [쪽 테두리/배경] 대화상자에서 <설정>을 클릭해요.

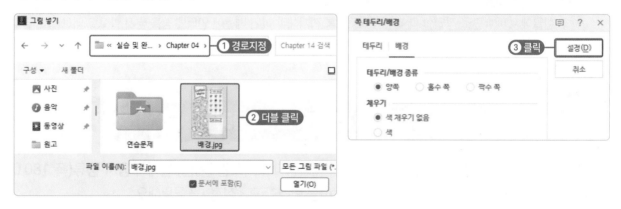

05 QR코드를 캡처하기 위해 [입력] 탭-[그림]-**[스크린 샷]**을 선택한 다음 **[글자처럼 취급]**을 해제하고 **[화면 캡처]**를 클릭해요.

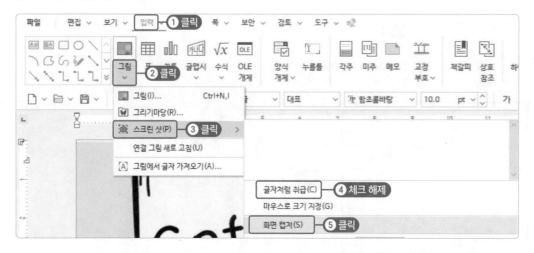

06 캡처 기능이 활성화되면 구글 크롬의 qr.io 사이트에서 QR코드 크기에 맞춰 드래그해요.

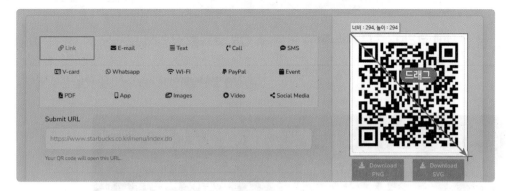

07 QR코드 그림이 문서에 삽입되면 크기를 변경한 후 그림과 같이 배치해요.

08 스마트폰이 있다면 QR코드를 스캔할 수 있는 **카메라** 또는 **앱**을 실행하세요. 메뉴판의 QR코드를 인식시킨 후 링크 주소를 터치하여 스타벅스 메뉴 사이트가 열리는지 확인해 보세요.

나만의 작품

한글 문서에 코리아 푸드 메뉴판을 만든 후 QR 코드를 삽입해 보세요.

📁 **실습 및 완성파일** [Chapter 04]-[연습문제] 폴더

- ▹ 편집 용지 설정 : 용지 종류(폭 160.0mm, 길이 196.0mm), 용지 여백(모두 0.0mm)
- ▹ 배경 삽입 : 음식배경.jpg
- ▹ QR코드 : qr.io 사이트에서 아래 URL로 생성
- ▹ 연결할 URL : www.thespruceeats.com/korean-4162618
- ▹ QR코드를 캡처하여 메뉴판 하단에 삽입
- ▹ 스마트폰으로 QR코드를 스캔하여 해당 웹 페이지가 열리는지 확인

HINT ★ **QR 코드 URL**

'차시별 인터넷 주소.txt' 파일을 이용하거나 한국음식을 소개할 수 있는 사이트를 직접 찾아서 URL 주소를 복사하여 붙여넣으세요.

05 CHAPTER

3D 지도로 안내장 만들기

한글 ··· 문단에 글머리 기호를 삽입할 수 있습니다.
인터넷 ··· 아이코그램에서 3D 지도를 만들 수 있습니다.
한글 ··· 그리기마당을 이용하여 지도 위에 도형을 표시할 수 있습니다.

📁 **실습 및 완성파일** [Chapter 05] 폴더

오늘의 QUIZ **3D 지도와 관련된 내용으로 옳지 않은 것은 무엇일까?**

건물과 도로, 산 등을 입체적으로 보여주는 지도야.

네비게이션에서도 3D 지도로 가는 방향을 보여주기도 해.

일반 사람은 3D 지도를 만들 수 없기 때문에 전문가의 도움이 필요해.

01 한글을 실행한 후 **안내장.hwp** 파일을 불러와 1쪽 글상자의 모든 내용을 블록으로 지정하고 [서식] 도구 상자에서 **글꼴**과 **글자 크기(14pt)**를 변경해요.

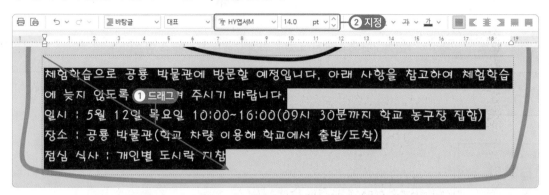

> **TIP 한 번에 블록지정 하기**
>
> 글상자 안쪽을 클릭한 후 Ctrl+A를 누르면 모든 내용을 한 번에 선택할 수 있어요.

02 아래 항목만 드래그하여 블록으로 지정한 후 마우스 오른쪽 버튼을 눌러 **[글머리표 및 문단 번호]**를 선택해요.

03 [글머리표 및 문단 번호] 대화상자가 나오면 [그림 글머리표] 탭에서 아래 그림과 같은 **별 모양**을 선택한 후 <설정>을 클릭해요.

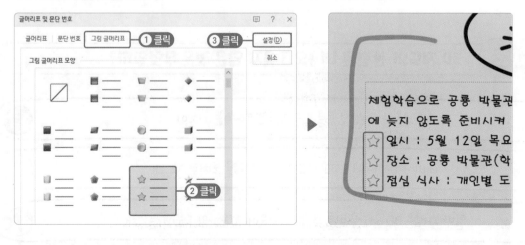

STEP 2 아이코그램에서 3D 지도 만들기

인터넷

01 **구글 크롬(◎)**을 실행한 후 검색 칸에 education.icograms.com을 입력한 후 [Enter]를 눌러요. 해당 사이트가 열리면 스크롤 바를 아래쪽으로 내려서 **내 첫 번째 도시** 템플릿을 클릭해요.

> **TIP** 아이코그램
>
> 소스파일로 제공되는 '차시별 인터넷 주소.txt' 파일에서 해당 차시의 URL 주소를 복사하여 붙여넣으면 빠르게 접속할 수 있어요.

02 도시 템플릿 페이지가 열리면 스크롤 바를 아래쪽으로 내려서 좌-우 그림을 참고하여 **도시와 농촌 지역** 템플릿을 선택해요.

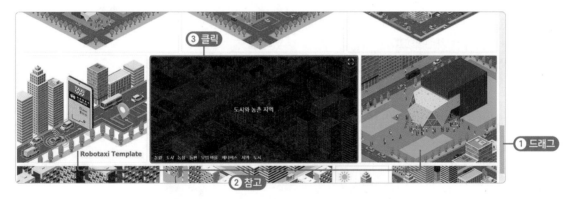

03 학교, 축구장, 농구장을 추가하기 위해 **농장 밭과 소, 트랙터** 등을 선택한 후 [Delete]를 눌러 삭제해요.

TIP 개체 삭제

① Ctrl을 누른 채 여러개의 개체를 한 번에 선택하여 삭제할 수 있어요.
② 실수로 삭제한 개체는 Ctrl + Z를 눌러 다시 되살릴 수 있어요.

04 왼쪽 **시티 베이직(**⬛**)**과 **스포츠(**⬛**)** 카테고리에서 학교로 사용할 **건물과 농구장, 축구장**을 찾아서 지도 안으로 드래그해요.

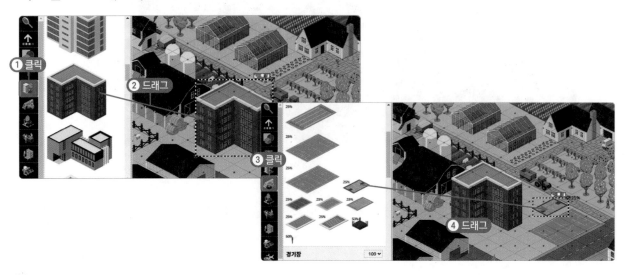

TIP 개체 삽입 및 조작 방법

① 개체를 드래그 하지 않고 클릭하면 화면 위쪽에 삽입되기 때문에 원하는 위치로 드래그해요.
② 마우스 휠을 위-아래로 굴리면 화면을 확대하거나 축소할 수 있어요.
③ Space Bar 를 누른 채 드래그하면 화면을 이동할 수 있어요.
④ 상단 메뉴에서 ⬛⬛⬛⬛를 이용하면 선택한 개체의 배치 순서를 변경할 수 있어요.

05 지도 변경 작업이 끝나면 상단 메뉴에서 **내보내기(**⬛**)**를 선택한 후 [내보내다] 창이 나오면 **<내보내다>** 를 클릭해요.

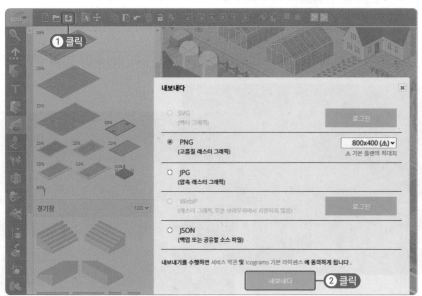

TIP 그림 저장

해당 그림은 윈도우 [다운로드] 폴더에 저장돼요.

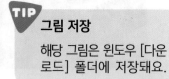

01 한글에서 2쪽을 선택한 후 [입력] 탭-**[그림(□)]**을 선택해요. [그림 넣기] 대화상자가 나오면 [다운로드] 폴더에서 **지도** 그림을 더블 클릭해요.

02 그림을 선택한 후 [그림(🌷)] 탭에서 **[글자처럼 취급]**의 선택을 해제하고 **[글 앞으로(▼)]**를 선택해요. 이어서, **회색 아래쪽 그림자(□)**를 클릭해요.

03 조절점으로 크기를 변경한 후 주황색 테두리 안쪽에 들어가도록 위치를 변경해요.

04 2쪽 문서 맨 위를 클릭한 후 [입력] 탭-[자세히(⌄)]-**[다른 그리기 조각]**을 선택해요.

05 [그리기마당] 대화상자가 나오면 [그리기 조각] 탭-[별및현수막]-**폭발1**을 선택한 후 <넣기>를 클릭해요.

06 아래 그림을 참고하여 **농구장** 근처에 드래그하여 도형을 추가해요. [도형( )] 탭-[**도형 채우기**]에서 원하는 색을 선택한 후 도형을 복사하고 색을 변경해요.

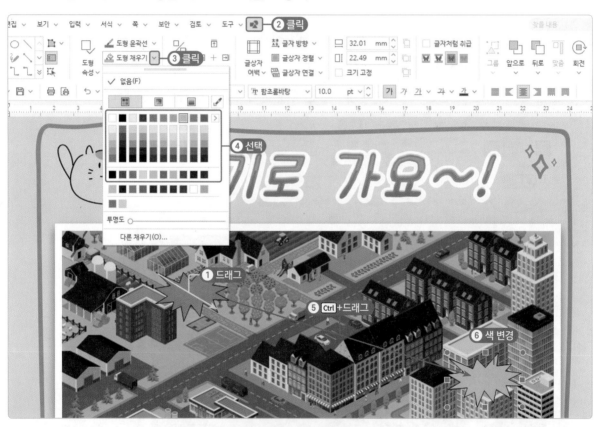

07 도형 위에서 마우스 오른쪽 버튼을 눌러 [**도형 안에 글자 넣기**]를 클릭한 후 내용(**집합장소, 공룡박물관**)을 입력하고 **진하게(가)**와 **가운데 정렬( )**을 지정해요.

'행사안내.hwp' 파일을 불러와 학교 축제 안내장을 만들어 보세요.

📁 **실습 및 완성파일** [Chapter 05]–[연습문제] 폴더

작성 조건 ★

▹ '일시 장소' 텍스트() : 글꼴, 글자 크기, 글자 색(하양), 그림 글머리표(▤)
▹ 지도 그리기(❷) : 아이코그램 사이트에 접속하여 [My School(내 학교)]–[학교 자선 박람회] 템플릿을 활용하여 원하는 지도 모양으로 변경
▹ 지도 그림 삽입(❷) : [글자처럼 취급] 해제 → [글 앞으로(▤)] → 흰색 이중 반사(▤)
▹ '장소' 텍스트(❸) : 글꼴, 문단 번호(▤)

HINT ★

문단 번호 지정
전체 내용을 블록 지정 → 마우스 오른쪽 버튼을 눌러 [글머리표 및 문단 번호] 선택 → [글머리표 및 문단 번호] 대화상자가 나오면 [문단 번호] 탭에서 아래 그림과 같은 문단 번호 모양 선택

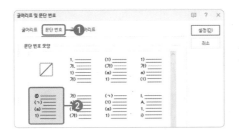

미니어처 종이 스퀴시 만들기

한글 ··· 표와 그림을 이용하여 스퀴시 도안을 완성할 수 있습니다.

인터넷 ··· 인터넷에서 원하는 그림을 찾을 수 있습니다.

한글 ··· 원하는 그림을 캡처하여 한글로 가져올 수 있습니다.

📁 **실습 및 완성파일** [Chapter 06] 폴더

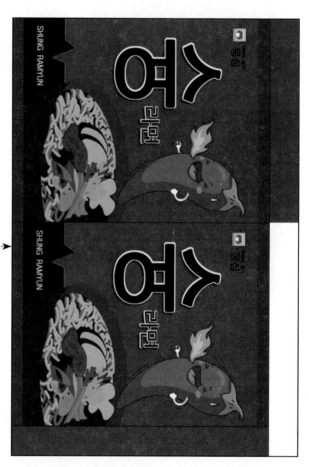

오늘의 OXOX | 종이 스퀴시는 쭉쭉 늘어나는 젤리 같은 장난감이다!

조물조물 만지면 젤리 같은 장난감이지!

송이나 부드러운 소재를 넣은 푹신한 장난감이야!

01 한글을 실행한 후 [입력] 탭-[표(▦)]에서 **3줄×2칸**을 드래그하여 표를 삽입해요.

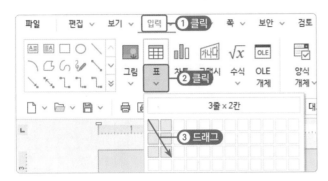

02 아래 그림처럼 셀을 블록으로 지정한 후 마우스 오른쪽 버튼을 눌러 **[표/셀 속성]**을 선택해요.

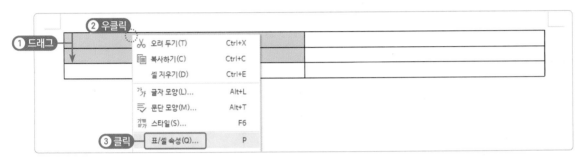

03 [표/셀 속성] 대화상자가 나오면 [셀] 탭에서 **셀 크기 적용**을 체크한 후 **너비(114.00mm)**와 **높이 (88.00mm)**를 입력해요. 이어서, **안 여백 지정**을 체크한 후 모든 값을 **0.00mm**로 입력하고 <설정> 을 클릭해요.

04 셀의 크기가 변경되면 오른쪽 셀 전체를 블록으로 지정한 후 P를 눌러요.

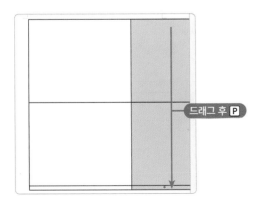

05 [표/셀 속성] 대화상자가 나오면 [셀] 탭에서 **셀 크기 적용**을 체크하고 **너비(13.00mm)**를 입력한 후 <설정>을 클릭해요.

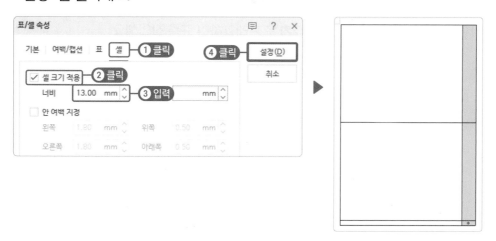

06 맨 아래쪽 셀 전체를 블록으로 지정한 후 P를 눌러요. [표/셀 속성] 대화상자가 나오면 [셀] 탭에서 **셀 크기 적용**을 체크하고 **높이(13.00mm)**를 입력한 후 <설정>을 클릭해요.

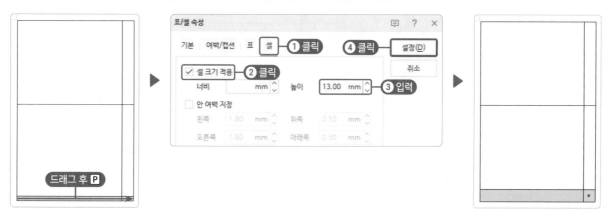

07 오른쪽 셀 전체를 블록으로 지정한 후 L을 눌러요. [셀 테두리/배경] 대화상자가 나오면 [테두리] 탭에서 종류를 **없음(⬚)**으로 지정하고 아래 그림처럼 **오른쪽, 위쪽, 안쪽 가로, 아래쪽 테두리**를 선택한 후 <설정>을 클릭해요.

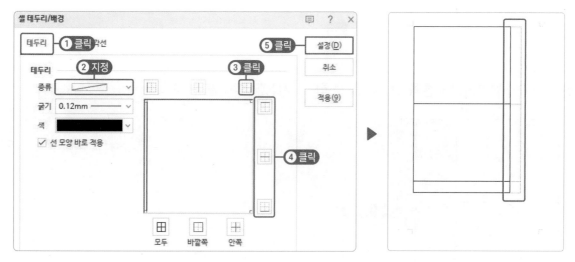

STEP 2 인터넷을 이용하여 원하는 이미지 찾기 인터넷

01 **구글 크롬( )**을 실행한 후 검색 칸에 **신라면 이미지**를 입력하고 [Enter]를 눌러요. 해당 라면이 검색되어 나오면 메뉴에서 **[이미지]**를 클릭해요.

02 스크롤을 내려 원하는 라면 이미지를 클릭한 후 창을 그대로 열어놔요.

STEP 3 이미지를 캡처하여 한글 문서로 가져오기 한글

01 한글에서 위쪽 셀을 클릭한 후 [입력] 탭-[그림]-**[스크린 샷]**을 선택한 다음 **[글자처럼 취급]**을 해제하고 **[화면 캡처]**를 클릭해요.

02 캡처 기능이 활성화되면 **구글 크롬** 창에서 캡처할 부분을 드래그해요.

03 캡처한 이미지가 셀에 추가되면 그림을 회전하기 위해 [그림(🌸)] 탭-[회전]-**[오른쪽으로 90도 회전]**을 선택해요.

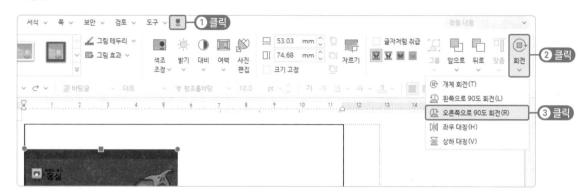

04 그림이 회전되면 조절점을 이용하여 셀(칸)에 맞게 크기를 변경한 후 Ctrl+C를 눌러 그림을 복사해요.

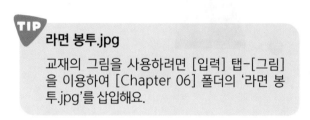

> **TIP 라면 봉투.jpg**
>
> 교재의 그림을 사용하려면 [입력] 탭-[그림]을 이용하여 [Chapter 06] 폴더의 '라면 봉투.jpg'를 삽입해요.

05 아래쪽 셀을 클릭한 후 Ctrl+V를 눌러 복사한 그림을 붙여넣어요.

06 셀에 배경색을 지정하기 위해 Ctrl을 누른 채 아래 그림처럼 2개의 셀을 선택한 후 C를 눌러요.

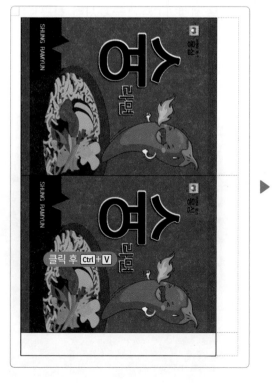

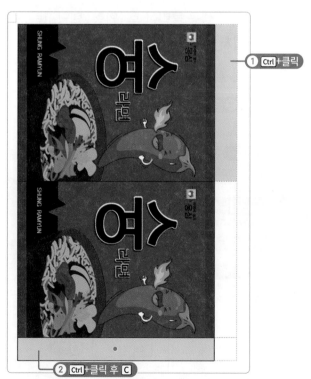

07 [셀 테두리/배경] 대화상자가 나오면 [배경] 탭에서 **색**을 선택한 후 **면 색**에서 **스포이드**(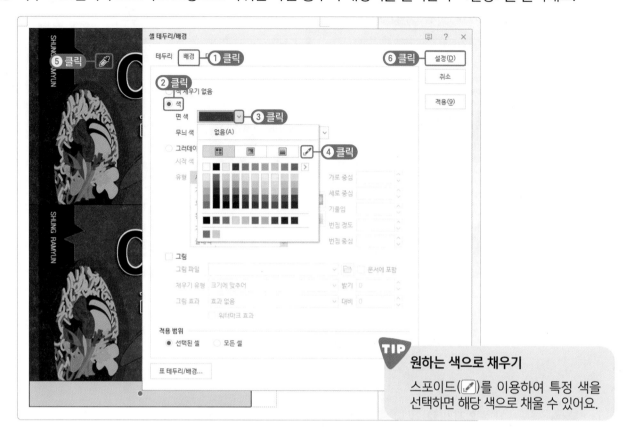)를 클릭해요.

08 마우스 포인터가 스포이드 모양으로 바뀌면 라면 봉투의 배경색을 클릭한 후 <설정>을 클릭해요.

TIP

원하는 색으로 채우기

스포이드(✎)를 이용하여 특정 색을 선택하면 해당 색으로 채울 수 있어요.

09 Esc 를 눌러 셀에 적용된 배경색을 확인해요.

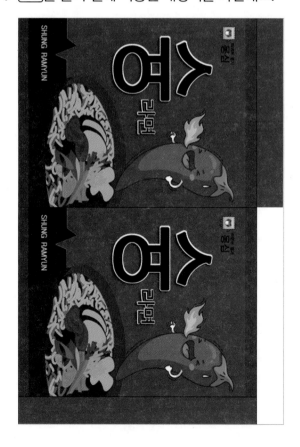

'딸기우유.hwp' 파일을 불러와 우유갑 도안을 만들어 보세요.

📁 **실습 및 완성파일** [Chapter 06]−[연습문제] 폴더

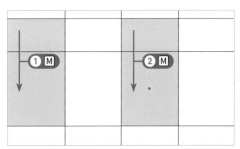
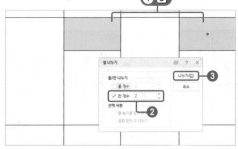

작성 조건 ★

▸ 셀 합치기(①) 및 나누기(②) : 합칠 셀을 1개씩 블록으로 지정한 후 M, 나눌 셀을 블록으로 지정한 후 S → [셀 나누기]−칸 개수(2)

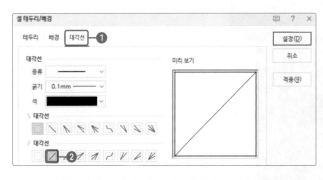

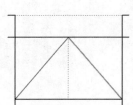

▸ 선 모양(②) : 선 없음과 대각선 적용(L)

▸ 그림 삽입 : 완성 이미지를 참고하여 셀에 그림 삽입(딸기우유1.jpg, 딸기우유2.jpg)

▸ 셀 배경색(③) : 스포이드(🖊)를 이용하여 그림 배경색을 지정

미술 작품 전시장 만들기

CHAPTER 07

- **인터넷** … 인터넷에서 유명화가의 미술 작품 그림을 저장할 수 있습니다.
- **한글** … 그림에 효과를 지정하고 글상자로 그림의 제목을 넣을 수 있습니다.
- **인공지능** … ChatGPT로 미술 작품 설명을 요약할 수 있습니다.

오늘의 작품

📁 **실습 및 완성파일** [Chapter 07] 폴더

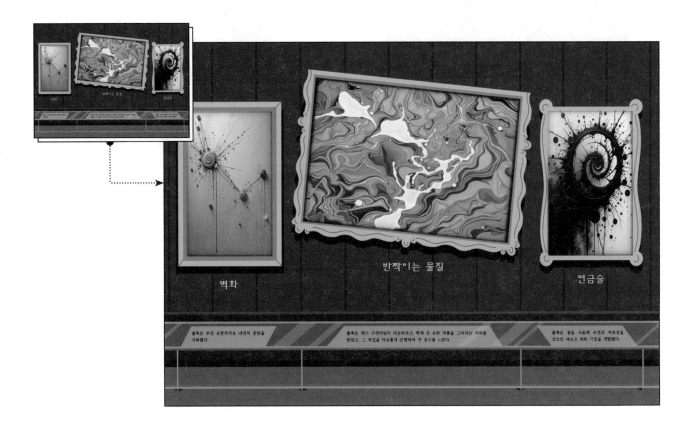

벽화   반짝이는 물질   연금술

오늘의 TOON   ChatGPT로 설명글 요약하기

ChatGPT에서 길고 어려운 글을 입력한 후 요약해 달라고 요청하면
원하는 글자 수에 맞게 정리해줘요.

01 **구글 크롬(⊙)**을 실행하여 검색 칸에 **jackson-pollock.org**를 입력한 후 [Enter]를 눌러요. 해당 사이트가 열리면 **[잭슨 폴록의 걸작들]** 메뉴에서 원하는 작품을 선택해요.

02 해당 작품 페이지로 이동하면 그림 위에서 마우스 오른쪽 버튼을 눌러 **[이미지를 다른 이름으로 저장]**을 선택해요.

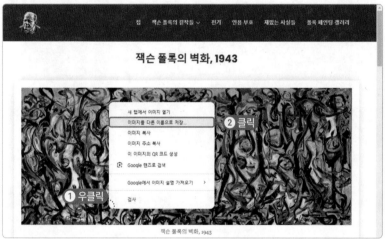

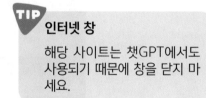

TIP 인터넷 창

해당 사이트는 챗GPT에서도 사용되기 때문에 창을 닫지 마세요.

03 [다른 이름으로 저장] 대화상자가 나오면 [사진] 폴더를 선택한 후 파일 이름(**그림1**)을 입력하고 <저장>을 클릭해요.

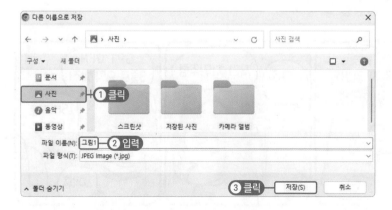

04 같은 방법으로 작품 그림 2개를 더 저장해요.

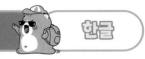
01 한글을 실행한 후 **미술관.hwp** 파일을 불러와 [입력] 탭에서 **[그림(■)]**을 선택해요. [그림 넣기] 대화 상자가 나오면 **[사진]** 폴더에서 원하는 그림을 더블 클릭해요.

02 그림을 선택한 후 [그림(❀)] 탭에서 **[글자처럼 취급]**의 선택을 해제하고 **[글 앞으로(■)]**를 선택해요.

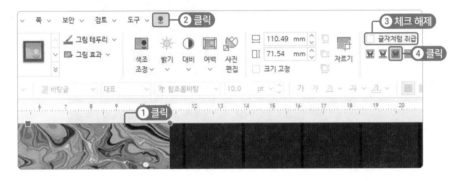

03 액자 안쪽으로 그림의 위치를 변경하고 [그림(❀)] 탭-[회전]-**[개체 회전]**을 클릭하여 액자에 맞게 그림을 회전시킨 후 크기를 변경해요.

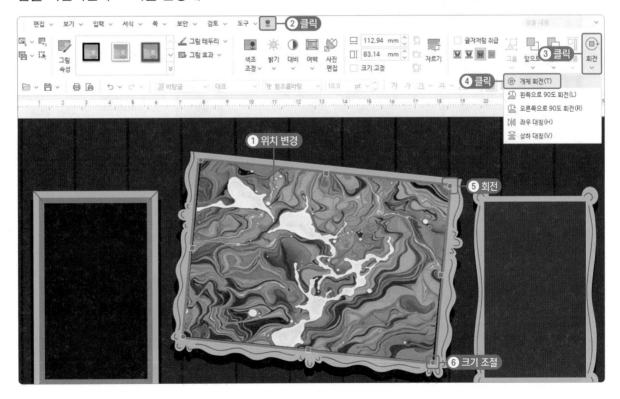

04 그림이 선택된 상태에서 [그림(🌷)] 탭-[그림 효과]-[그림자]-**[안쪽-가운데]**를 선택한 후 [그림 효과]-[옅은 테두리]-**[3pt]**를 클릭해요.

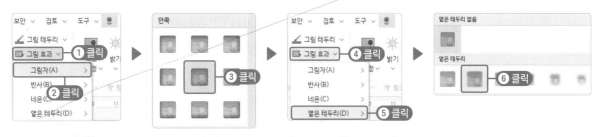

05 다른 액자 2개도 같은 방법으로 그림을 삽입한 후 [입력] 탭에서 **[가로 글상자]**를 클릭해요.

06 마우스 포인터(+)가 변경되면 그림 아래쪽을 드래그하여 글상자를 추가한 후 Esc 를 눌러요.

07 [도형()] 탭에서 **도형 윤곽선**과 **도형 채우기**를 **없음**으로 지정해요.

08 글상자 안쪽을 클릭하여 그림 제목을 입력한 후 Esc를 눌러 **글꼴, 글자 크기, 글자 색(하양), 가운데 정렬**을 지정해요.

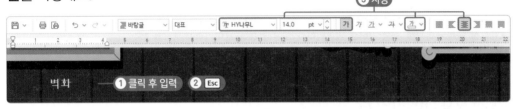

09 Ctrl을 누른 채 글상자 테두리를 드래그하여 그림 아래로 복사한 후 제목을 변경해요.

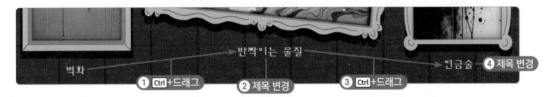

STEP 3 ChatGPT로 긴 글 요약하기  인공지능

01 잭슨폴록 사이트에서 다운 받은 그림에 대한 설명글을 마우스로 드래그하여 블록으로 지정하고 Ctrl+C를 눌러 복사해요.

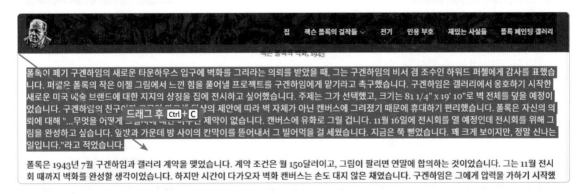

02 구글 크롬에서 새 탭(+)을 누른 후 ChatGPT 사이트(chatgpt.com)에 접속해요.

03 질문 입력란을 클릭하여 `Ctrl`+`V`를 눌러 복사한 설명을 붙여넣은 후 `Space Bar`를 눌러 한 칸 띄운 후 1줄로 요약해 달라는 질문을 추가해요.

질문 예   여기까지 내용을 1줄로 요약해줘.

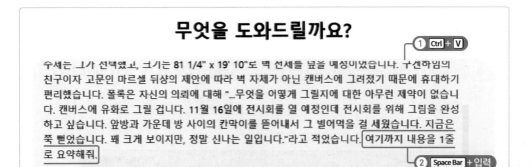

04 긴 글이 요약되면 **복사 아이콘(🗐)**을 클릭해요.

05 그림 아래쪽의 유리 테이블을 클릭한 후 `Ctrl`+`V`를 눌러요. [HTML 문서 붙이기] 대화상자가 나오면 **텍스트 형식으로 붙이기**를 선택하고 <확인>을 클릭해요.

06 내용을 블록으로 지정한 후 [서식] 도구 상자에서 **글꼴, 글자 크기, 진하게** 등을 지정하고, 나머지 그림 들도 설명을 요약해서 추가해요.

> **TIP**
> **글상자 서식 지정 방법**
> ① 방법 1 : 글상자 내용을 블록으로 지정한 후 서식을 지정해요.
> ② 방법 2 : 내용을 입력한 후 `Esc`를 눌러 서식을 지정해요.

'칭찬스티커.hwp' 파일을 불러와 칭찬 스티커 보드판을 만들어 보세요.

📁 **실습 및 완성파일** [Chapter 07]-[연습문제] 폴더

작성조건 ★

▹ 타원 도형 복사(❶) : Ctrl 을 누른 채 드래그

▹ 도형에 그림 넣기(❶) : 도형 선택 후 P → [개체 속성] 대화상자에서 [채우기] 탭 → 그림 체크
   → 그림(📁) 선택 → [Chapter 07]-[연습문제] 폴더에서 그림 파일 선택

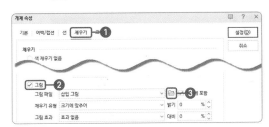

▹ ChatGPT : 어린이 칭찬 스티커 활용 방법 → 결과 내용을 1줄로 요약

질문 예 어린이 칭찬 스티커 활용 방법 좀 알려줘

질문 예 해당 내용을 1줄로 요약해 줘

▹ 가로 글상자(❷) : 도형 윤곽선(없음), 도형 채우기(없음), ChatGPT 결과 내용 붙여넣기, 글자
   서식 지정

종|합|평|가
쿠키런 타로카드 만들기

지금까지 배운 내용을 이용하여 쿠키런 타로카드를 만들어 보세요.

📁 **실습 및 완성파일** [Chapter 08] 폴더

오늘의 작품

쿠키런타로카드

The Fool	The Devil	The Magician
새로운 시작, 모험, 순수함	집착, 유혹, 제한, 부정적인 패턴	창조력, 자원을 활용하는 능력

The Lovers	Judgement	The World
사랑, 관계, 선택	재평가, 각성, 부활, 결단	완성, 성취, 조화, 여행

Death	Knight of Swords	The Empress
종료, 변화, 재탄생	빠른 행동, 결단력, 진취성, 도전	풍요, 창조, 모성, 자연과의 조화

 **인터넷 작성조건**

① 쿠키런오븐 사이트(cookierunoven.com)에 접속하여 <Start>를 클릭
② <Special>에서 원하는 카드 그림을 선택 → 아이템 변경하여 카드 그림 완성 → ☑ - <저장하기>를 클릭하여 그림 저장([다운로드] 폴더에 저장됨) → 다른 카드 그림을 만들어 저장(총 9개)

 **인공지능 작성조건**

① ChatGPT를 이용하여 타로카드 이름과 뜻 확인하기

> **질문 예** 타로카드별 어떤 의미가 있는지 10가지만 알려줘.

한글 작성조건

① 편집 용지 : 용지 여백(위쪽/왼쪽/오른쪽 : 20mm, 머리말/꼬리말 : 0mm, 아래쪽 : 15mm)
② 배경 삽입(배경.jpg) 후 표 만들기 : 8줄×5칸, 글자처럼 취급, 가운데 정렬
③ 표 크기 및 위치 변경 : 2, 4 열만 블록 지정 후 셀 너비(4.5mm) 변경 → 1, 4, 7 행만 블록 지정 후 셀 높이(52mm) 변경 → 2, 5, 8 행만 블록 지정 후 셀 높이(12.5mm) 변경 → 위쪽 1, 3, 5 셀만 블록 지정 후 너비(52mm) 변경 → 표 왼쪽에 커서를 위치시킨 후 Enter 를 눌러 위치 변경

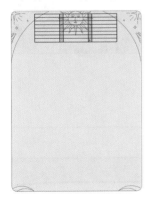
▲ 2, 4열 너비 변경

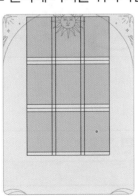
▲ 1, 4, 7행 높이 변경

▲ 2, 5, 8행 높이 변경

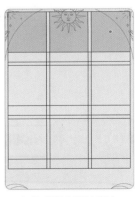
▲ 1, 3, 5셀 너비 변경

④ 표 속성 : 전체 블록 지정, 안 여백 지정(모두 '0.00mm'), 셀 테두리(모두 '없음')
⑤ 제목 : 그림 삽입(제목.png), 글자처럼 취급 해제 → 글 앞으로 → 크기 및 위치 변경
⑥ 카드 그림 삽입 : 셀 선택 → [다운로드] 폴더에서 다운로드 받은 그림 삽입
⑦ 챗GPT 결과를 이용하여 셀에 내용 입력 : 글자 서식, 셀 배경색, 가운데 정렬 등을 지정하여 작품을 완성

이모티콘 에도쿠 만들기

- **인터넷** ⋯ 인터넷에서 이모티콘을 만들 수 있습니다.
- **인공지능** ⋯ ChatGpt에서 스도쿠 게임 방법을 확인할 수 있습니다.
- **한글** ⋯ 표를 이용하여 에도쿠 게임을 만들 수 있습니다.

📁 **실습 및 완성파일** [Chapter 09] 폴더

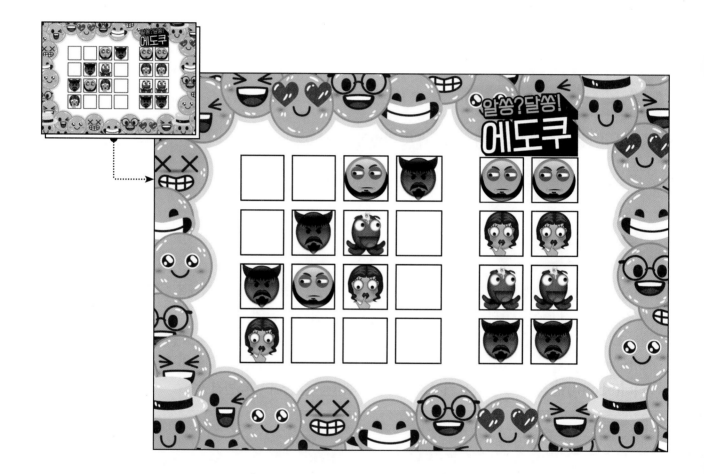

 오늘의 QUIZ 　**에도쿠에 대한 설명으로 틀린 것은?**

스도쿠와 동일하지만 숫자 대신 그림으로 푸는 퍼즐게임이야. ⚪

에도쿠는 논리적 사고와 패턴 인식에 많은 도움이 돼. ⚪

에도쿠는 초등학생 보다는 성인들을 위한 퍼즐 게임이야. ⚪

54

01 **구글 크롬(●)**을 실행하여 검색 칸에 **emoji-maker.com**을 입력한 후 Enter 를 눌러요. 해당 사이트가 열리면 **<디자인 시작>**을 클릭해요.

02 해당 페이지가 열리면 × 를 클릭하여 기본 이모티콘 모양을 삭제해요.

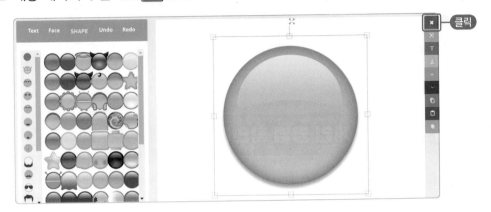

03 왼쪽 오브젝트 카테고리에서 **얼굴 모양, 눈, 코, 입, 악세서리** 등을 선택한 후 원하는 모양을 클릭하여 이모티콘을 만들어요.

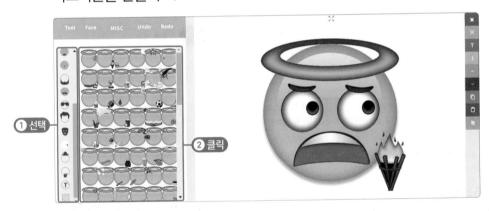

> **TIP**
>
> **오브젝트 제어**
> ① 특정 오브젝트(예 : 눈)를 추가한 후 마우스로 드래그하여 위치를 변경할 수 있으며, 조절점으로 크기도 변경할 수 있어요.
> ② 선택한 오브젝트가 마음에 들지 않으면 × 를 클릭해 삭제해요.

04 이모티콘이 완성되면 오른쪽 상단의 Save ☁ -[Save now]를 클릭해요. 저장 페이지가 열리면 ⬇ Download 를 클릭하여 이모티콘을 저장한 후 × 를 눌러 창을 닫아요.

05 이모티콘 만들기 페이지로 변경되면 ⬛를 클릭해 모든 오브젝트를 삭제한 후 같은 방법으로 새로운 이모티콘을 3개 더 만들어 저장해요.

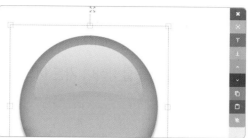

01 구글 크롬에서 새 탭(+)을 누른 후 실행 ChatGPT 사이트(chatgpt.com)에 접속해요.

02 스도쿠에 대해서 알아본 후 한글에서 이모티콘 그림을 복사해 에도쿠를 풀어보세요.

> 질문 예   스도쿠가 무엇인지 그리고 4X4 스도쿠 푸는 방법을 알려줘

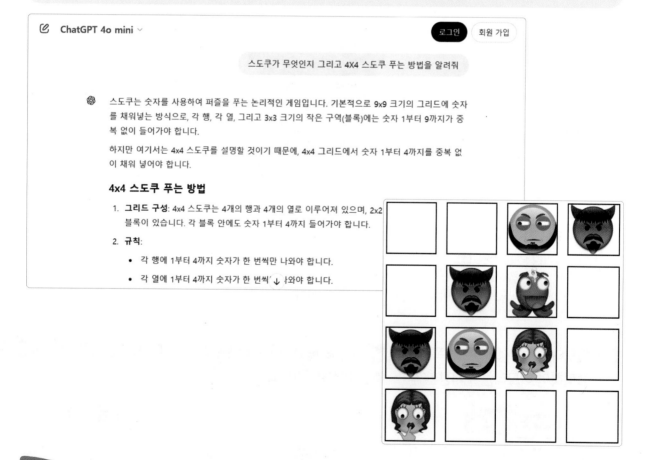

> ✎ ChatGPT 4o mini ∨   로그인   회원 가입
>
> 스도쿠가 무엇인지 그리고 4X4 스도쿠 푸는 방법을 알려줘
>
> 🌀 스도쿠는 숫자를 사용하여 퍼즐을 푸는 논리적인 게임입니다. 기본적으로 9x9 크기의 그리드에 숫자를 채워넣는 방식으로, 각 행, 각 열, 그리고 3x3 크기의 작은 구역(블록)에는 숫자 1부터 9까지가 중복 없이 들어가야 합니다.
>
> 하지만 여기서는 4x4 스도쿠를 설명할 것이기 때문에, 4x4 그리드에서 숫자 1부터 4까지를 중복 없이 채워 넣어야 합니다.
>
> **4x4 스도쿠 푸는 방법**
>
> 1. **그리드 구성**: 4x4 스도쿠는 4개의 행과 4개의 열로 이루어져 있으며, 2x2 블록이 있습니다. 각 블록 안에도 숫자 1부터 4까지 들어가야 합니다.
> 2. **규칙**:
>   - 각 행에 1부터 4까지 숫자가 한 번씩만 나와야 합니다.
>   - 각 열에 1부터 4까지 숫자가 한 번씩 ↓ 와야 합니다.

🔺**TIP** 에도쿠란?

숫자 대신 그림이 들어간 퍼즐 게임으로 스도쿠 보다는 쉬워요.

01 한글을 실행한 후 **에도쿠.hwp** 파일을 불러와요. 특정 셀을 클릭한 후 F5를 3번 눌러 표 전체를 블록으로 지정하고 P를 눌러요.

02 [표/셀 속성] 대화상자가 나오면 [셀] 탭에서 **셀 크기 적용**을 체크한 후 너비와 높이를 **25mm**로 입력해요.

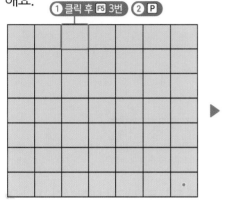

03 셀의 크기가 변경되면 Ctrl을 누른 채 2, 4, 6 행을 블록으로 지정한 후 P를 눌러요. [표/셀 속성] 대화상자가 나오면 [셀] 탭에서 **셀 크기 적용**을 체크한 후 **너비(0mm)와 높이(5.5mm)**를 입력해요.

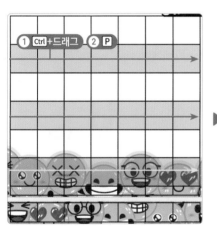

04 셀의 크기가 변경되면 Ctrl을 누른 채 2, 4, 6 열을 블록으로 지정한 후 P를 눌러요. [표/셀 속성] 대화상자가 나오면 [셀] 탭에서 **셀 크기 적용**을 체크한 후 **너비(5.5mm)와 높이(0mm)**를 입력해요.

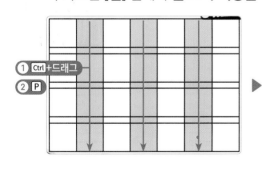

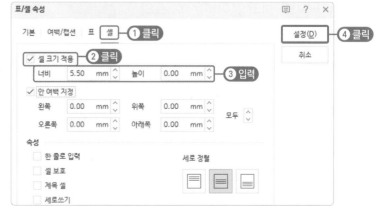

05 [Ctrl]을 누른 채 2, 4, 6 행을 블록으로 지정한 후 [L]를 눌러요. [셀 테두리/배경] 대화상자가 나오면 [테두리] 탭에서 종류를 **없음**(⬜)으로 지정하고 아래 그림처럼 **왼쪽, 안쪽 세로, 오른쪽 테두리**를 선택한 후 <설정>을 클릭해요.

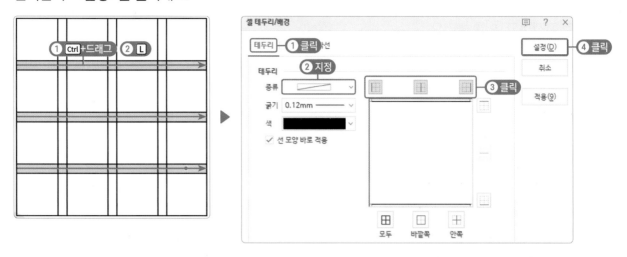

06 [Ctrl]을 누른 채 2, 4, 6 열을 블록으로 지정한 후 [L]를 눌러요. [셀 테두리/배경] 대화상자가 나오면 [테두리] 탭에서 종류를 **없음**(⬜)으로 지정하고 아래 그림처럼 **위쪽, 안쪽 가로, 아래쪽 테두리**를 선택한 후 <설정>을 클릭해요.

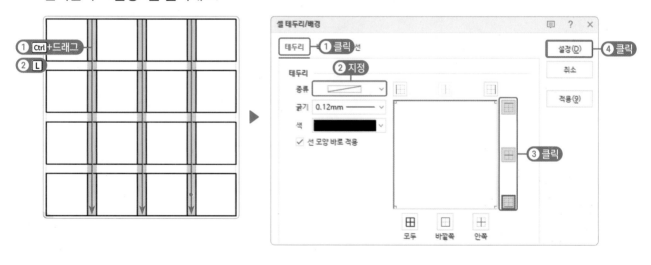

07 아래 그림처럼 마우스로 드래그하여 블록을 지정하고 [Ctrl]+[C]를 눌러 복사해요.

08 표가 없는 문서 맨 위쪽을 클릭하여 [Ctrl]+[V]를 눌러 붙여넣은 후 표의 테두리를 드래그하여 아래 그림처럼 오른쪽으로 이동시켜요.

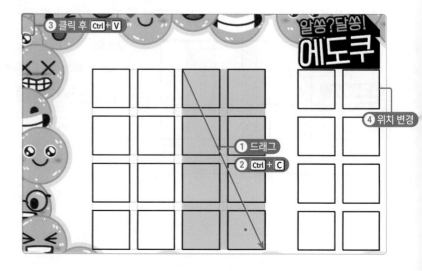

09 표가 없는 문서 맨 위쪽을 클릭한 후 [입력] 탭에서 **[그림(▨)]**을 클릭해요. [그림 넣기] 대화상자가 나오면 [다운로드] 폴더에서 원하는 이모티콘을 더블 클릭해요.

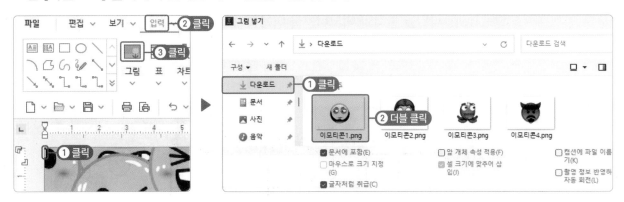

10 그림이 삽입되면 Shift를 누른 채 조절점 드래그하여 불필요한 부분을 잘라낸 후 P를 눌러요. [개체 속성] 대화상자가 나오면 [기본] 탭에서 크기를 **25mm**로 입력하고 <설정>을 클릭해요.

11 그림을 선택하여 Ctrl+X를 누른 후 오른쪽 표의 첫 번째 셀을 클릭하여 Ctrl+V를 눌러 붙여넣어요.

12 똑같은 방법으로 다른 3개의 이모티콘 그림도 각각의 셀 안에 삽입한 후 그림을 하나씩 복사하여 오른쪽 셀에 붙여넣어요.

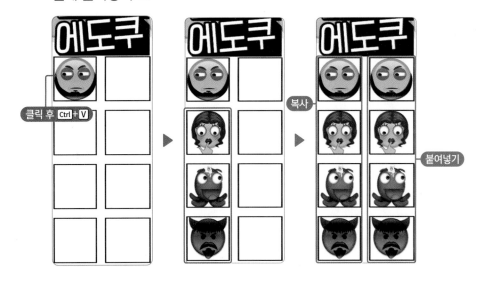

13 모든 작업이 끝나면 친구와 함께 에도쿠 게임을 해보세요.

‘오델로.hwp’ 파일을 불러와 이모티콘을 이용하여 오델로 판을 만들어 보세요.

📁 **실습 및 완성파일** [Chapter 09]–[연습문제] 폴더

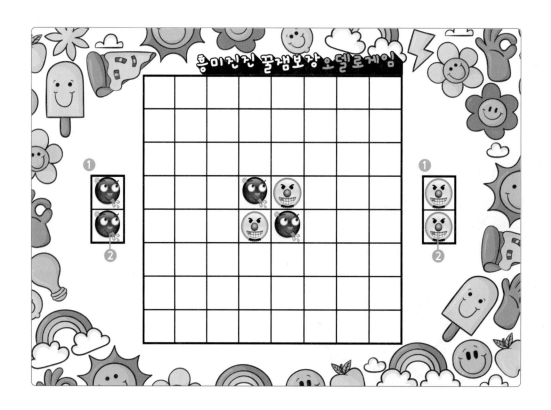

작성 조건 ★

▸ 이모지 메이커 사이트(emoji-maker.com)에서 ‘흑’과 ‘백’ 얼굴로 이모티콘을 꾸며 저장 (2개)

▸ 셀 복사(①) : 셀을 복사하여 붙여넣기, 바깥쪽 테두리 굵기(1mm), 위치 변경

▸ 그림 삽입 : 불필요한 부분 잘라내기, 크기 변경(가로 및 세로 : 16.00mm), 왼쪽과 오른쪽 셀 안으로 그림 이동 및 복사

▸ ChatGPT : 오델로 게임 규칙

질문 예 오델로 게임 방법과 규칙에 대해 알려줘.

▸ 친구와 함께 오델로 게임하기

내 방 책꽂이 꾸미기

인터넷 ··· 현재 활성화된 인터넷 창을 캡처할 수 있습니다.

한글 ··· 사진 편집 기능으로 배경을 투명하게 하거나 색을 보정할 수 있으며, 개체를 그룹으로 지정할 수 있습니다.

📁 **실습 및 완성파일** [Chapter 10] 폴더

오늘의 QUIZ **한글2022에서 사진 편집 기능의 설명으로 잘못된 것은?**

 불필요한 부분을 투명하게 만들 수 있어.

그림의 색을 간편하게 보정할 수 있어.

 원하는 사진을 합성할 수 있어.

01 구글 크롬(◎)을 실행하여 검색 칸에 **yes24.com**을 입력한 후 [Enter]를 눌러요.

02 해당 사이트가 열리면 검색 칸에 책 제목을 입력하고 [Enter]를 눌러요. 이어서, 원하는 책을 선택해요.

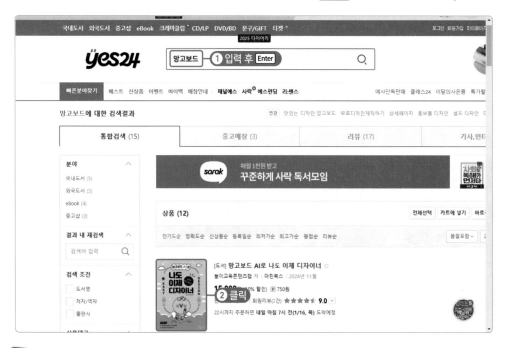

> **TIP**
> **책 선택**
> 책을 선택할 때는 표지가 흰색인 것은 제외하고 선택해 주세요.

03 책 소개 페이지로 이동하면 마우스 포인터를 책 표지에 위치시킨 후 책이 입체 모양으로 변경되면 [Alt] +[Print Screen]을 눌러요.

> **TIP**
> [Alt]+[Print Screen]
> 특정 부분이 아닌 현재 활성화된 창 전체를 캡처할 수 있어요.

01 한글을 실행한 후 **책꽂이.hwp** 문서를 불러와요. Ctrl+V를 눌러 캡처한 그림을 붙여 넣은 후 조절점으로 크기를 줄여주세요.

02 Shift를 누른 채 조절점을 드래그하여 책만 남기고 다른 부분은 모두 잘라낸 후 **크기와 위치**를 변경해요.

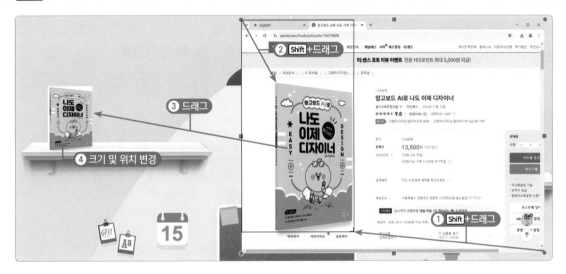

03 그림이 선택된 상태에서 [그림(🌷)] 탭-[사진 편집(🖼)]을 클릭해요.

04 [사진 편집기] 창이 나오면 **[투명 효과]** 탭을 선택한 후 **테두리를 부드럽게(0)**와 **유사 색상 범위(10)**를 입력해요. 이어서, 흰색 배경 부분을 마우스로 클릭해 투명하게 만들어요.

투명 효과 지정

유사 색상 범위 값을 줄이면 투명하게 처리되는 범위를 줄여서 좀 더 세밀하게 투명 효과를 지정할 수 있어요. 유사 색상 범위를 줄였기 때문에 책 아래쪽에 있는 그림자 부분은 여러번 클릭해야 투명하게 돼요.

05 **[간편 보정]** 탭을 선택한 후 변경 내용 적용 메시지가 나오면 <예>를 클릭해요.

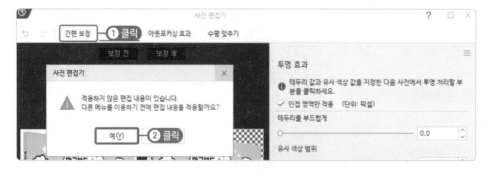

06 [간편 보정] 탭에서 **선명하게**를 클릭한 후 **5단계**를 선택하여 색을 보정해요.

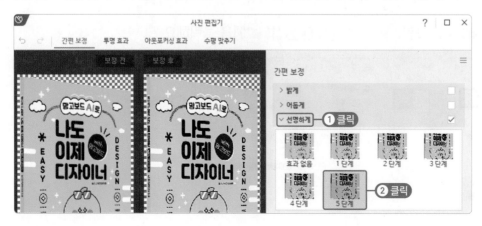

07 선명하게 색이 보정되면 **색상을 풍부하게**를 클릭하여 **5단계**를 선택한 후 <적용>을 클릭해요.

08 사진 편집이 끝나면 그림이 선택된 상태에서 [그림(🎤)] 탭-[그림 효과]-[그림자]-**[바깥쪽-왼쪽(🔲)]**을 클릭해요.

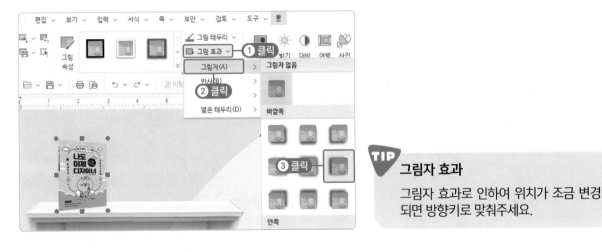

> **TIP**
>
> **그림자 효과**
> 그림자 효과로 인하여 위치가 조금 변경되면 방향키로 맞춰주세요.

09 같은 방법으로 다른 책의 표지를 캡처해 그림을 편집한 후 그림자 효과를 지정해 보세요.

10 Shift를 누른 채 3개의 그림을 모두 선택한 후 마우스 오른쪽 버튼을 눌러 **[개체 묶기]**를 클릭해요. [개체 묶기] 대화상자가 나오면 <실행>을 클릭해요.

TIP
바로 가기 키
개체 묶기 : Ctrl + G, 개체 풀기 : Ctrl + U

11 Ctrl을 누른 채 그룹으로 묶인 그림을 드래그하여 복사한 후 아래 그림처럼 배치해요.

'사진첩.hwp' 파일을 불러와 내가 좋아하는 연예인 사진첩을 만들어 보세요.

📁 **실습 및 완성파일** [Chapter 10]-[연습문제] 폴더

작성 조건 ★

▸ 인터넷에서 좋아하는 연예인을 검색한 후 창을 캡처하여 한글에 붙여넣기

▸ 그림 속성 : 글자처럼 취급 해제, 글 앞으로

▸ 그림 : 불필요한 부분 자르기, 액자에 맞게 회전시킨 후 크기 조절

▸ 그림 효과 및 사진 편집기

❶ 그림 스타일 : [그림] 탭-회색 아래쪽 그림자(🖼)

❷ 그림 색조 : [그림] 탭-[색조 조정(🌸)]-[회색조]

❸ 사진 편집 : [그림] 탭-[사진 편집(🖼)]-수평 맞추기(-4.0)

❹ 그림 색조 : [그림] 탭-[색조 조정(🌸)]-[워터마크]

❺ 사진 편집 : [그림] 탭-[사진 편집(🖼)]-아웃포커싱 효과(포커스 크기 : 50, 흐림 강도 25), 사진에서 원하는 부분 클릭

▸ 글상자(❻) : 가로 글상자 삽입, 도형 윤곽선 및 도형 채우기 없음, 내용 입력 후 글자 서식 지정

햄버거 가게 키오스크 만들기

인터넷 ··· 메뉴 이미지를 검색하여 캡처할 수 있습니다.

한글 ··· 글상자를 추가하여 필요한 내용을 입력할 수 있습니다.

한글 ··· 하이퍼링크 및 책갈피를 이용하여 키오스크를 완성할 수 있습니다.

오늘의 작품

🗂 **실습 및 완성파일** [Chapter 11] 폴더

오늘의 **OXOX**   하이퍼링크는 원하는 곳으로 이동할 수 있다.

STEP 1 인터넷에서 키오스크 메뉴 그림 저장하기

01 **구글 크롬(◎)**을 실행한 후 검색 칸에 **햄버거**를 입력하고 [Enter]를 눌러요. 햄버거가 검색되어 나오면 메뉴에서 **[이미지]**를 클릭해요.

02 저장할 그림 위에서 마우스 오른쪽 버튼을 눌러 **[이미지를 다른 이름으로 저장]**을 클릭해요. [다른 이름으로 저장] 대화상자가 나오면 **[사진]** 폴더를 선택한 후 파일 이름을 입력하고 <저장>을 클릭해요.

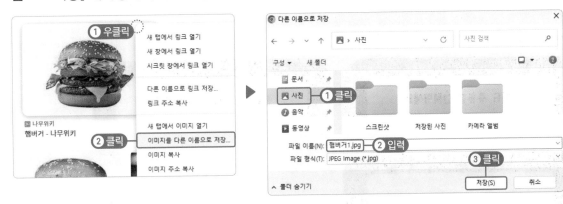

03 같은 방법으로 햄버거 메뉴 그림 5개, 사이드 메뉴 그림 6개, 음료 메뉴 그림 6개를 저장해요.

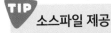 **소스파일 제공**

관련된 그림을 찾기가 어려운 경우에는 [Chapter 11] 폴더의 이미지를 사용하세요.

STEP 2 메뉴 그림 추가하기

01 한글을 실행한 후 **키오스크.hwp** 문서를 불러와 [입력] 탭에서 **[가로 글상자]**를 클릭해요.

02 마우스 포인터(+)가 변경되면 아래 그림처럼 드래그하여 글상자를 추가한 후 [Esc]를 눌러요.

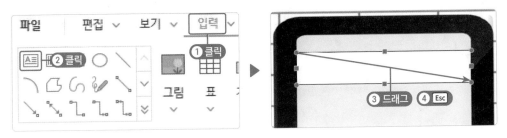

03 [도형()] 탭에서 **도형 윤곽선**과 **도형 채우기**를 **없음**으로 지정해요.

04 글상자 안쪽을 클릭하여 내용을 입력한 후 **글꼴, 글자 크기, 가운데 정렬**을 지정해요.

05 같은 방법으로 다른 쪽의 그림에도 글상자를 추가하여 글자를 입력해요.

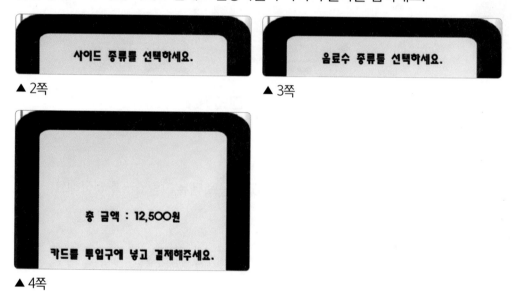

▲ 2쪽

▲ 3쪽

▲ 4쪽

06 1쪽의 문서 맨 위쪽을 클릭한 후 [입력] 탭에서 [**그림(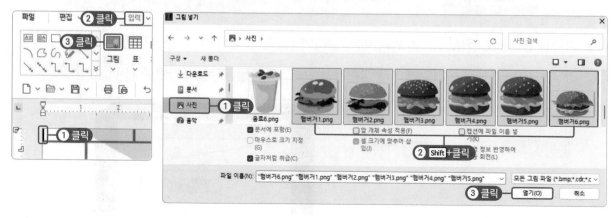)**]을 클릭해요. [그림 넣기] 대화상자가 나오면 [사진] 폴더에서 다운로드 한 그림(**햄버거1~햄버거6**)을 선택한 후 <열기>를 클릭해요.

07 햄버거 그림이 삽입되면 [그림( )] 탭에서 **[글자처럼 취급]**의 선택을 해제하고 **[글 앞으로( )]**를 선택해요. 이어서, 키오스크에 맞게 크기를 줄여요.

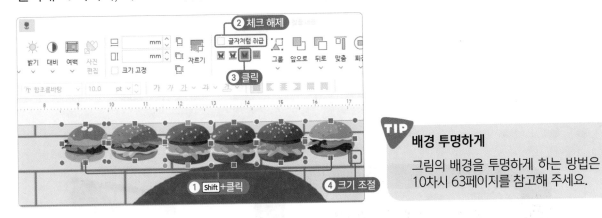

TIP **배경 투명하게**
그림의 배경을 투명하게 하는 방법은 10차시 63페이지를 참고해 주세요.

08 햄버거 메뉴 그림들을 키오스크 화면에 맞게 아래 그림처럼 배치해요.

09 같은 방법으로 사이드 메뉴 그림과 음료 메뉴 그림을 2쪽과 3쪽에 키오스크 화면에 배치해요.

▲ 2쪽

▲ 3쪽

01 1쪽의 글상자 왼쪽에 커서를 위치시킨 후 [입력] 탭에서 **[책갈피(📖)]**를 선택해요.

02 [책갈피] 대화상자가 나오면 입력 칸에 **햄버거**를 입력한 후 <넣기>를 클릭해요.

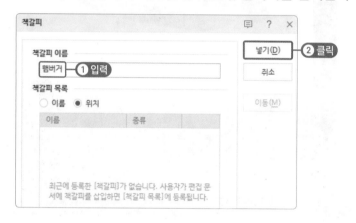

03 같은 방법으로 다른 쪽 글상자에도 책갈피를 지정해요.

> · 2쪽 : 책갈피 이름(**사이드**)   · 3쪽 : 책갈피 이름(**음료수**)   · 4쪽 : 책갈피 이름(**계산**)

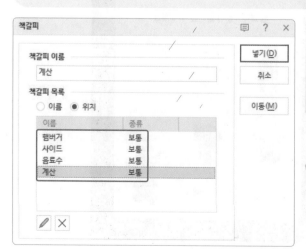

충 **금액 : 12,500원**

카드를 투입구에 넣고 결제해주세요.

TIP **책갈피 수정 및 삭제**

① ✏️ : 선택한 책갈피의 이름을 변경할 수 있어요.
② ✖️ : 선택한 책갈피를 삭제할 수 있어요.

04 1쪽의 ➡️(오른쪽 화살표) 그림을 선택하고 [입력] 탭에서 **[하이퍼링크(🌐)]**를 클릭해요.

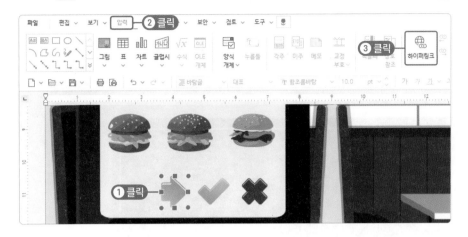

05 [하이퍼링크] 대화상자가 나오면 [흔글 문서] 탭–[책갈피]에서 **사이드**를 선택한 후 <넣기>를 클릭해요.

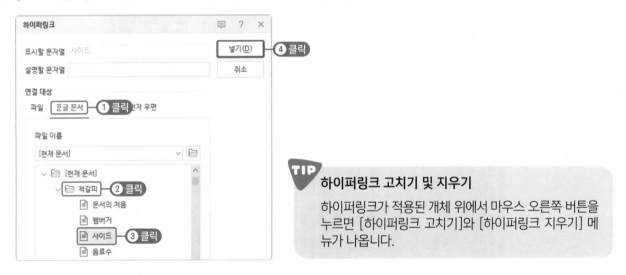

TIP **하이퍼링크 고치기 및 지우기**

하이퍼링크가 적용된 개체 위에서 마우스 오른쪽 버튼을 누르면 [하이퍼링크 고치기]와 [하이퍼링크 지우기] 메뉴가 나옵니다.

06 같은 방법으로 쪽마다 각각의 버튼 그림에 하이퍼링크를 지정해요.

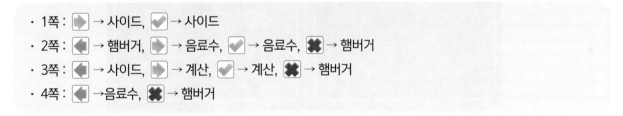

07 모든 작업이 끝나면 Ctrl을 누른 채 하이퍼링크가 적용된 버튼 그림을 클릭하여 해당 위치로 이동하는지 확인해 보세요.

'별자리.hwp' 파일을 불러와 하이퍼링크로 별자리 운세를 만들어 보세요.

📁 **실습 및 완성파일** [Chapter 11]–[연습문제] 폴더

▸ 책갈피(①) : 각 쪽마다 노란색 별자리 텍스트(예 : 물병자리) 첫 글자에 해당 별자리 이름
　으로 책갈피 추가

▸ 하이퍼링크(②) : 1쪽의 원형 별자리 그림을 클릭했을 때 해당 별자리 책갈피로 이동

▸ 실행 : [Ctrl]을 누른 채 하이퍼링크가 적용된 원형 별자리 그림을 클릭하여 해당 위치(쪽)로
　이동하는지 확인

밸런스 게임 카드 만들기

인공지능 ··· ChatGPT에서 밸런스 게임 질문을 확인할 수 있습니다.

한글 ··· 라벨 문서를 불러올 수 있습니다.

한글 ··· 그림으로 밸런스 게임 카드를 만들 수 있습니다.

실습 및 완성파일 [Chapter 12] 폴더

오늘의 OXOX 밸런스 게임은 둘 중 하나를 선택해야 한다.

01 **구글 크롬( )**을 실행하여 검색 칸에 **chatgpt.com**을 입력한 후 Enter 를 눌러요.

02 밸런스 게임의 질문을 만들어 달라고 요청한 후 재미있는 질문 4개를 선정해요.

> **질문 예** 초등학생이 재미있어 하는 밸런스 게임 질문을 10개만 알려줘.

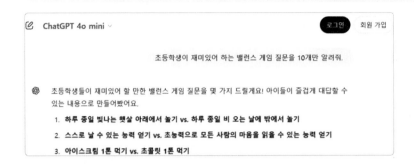

01 한글을 실행한 후 [쪽] 탭-[라벨]-**[라벨 문서 만들기]**를 클릭해요.

02 [라벨 문서 만들기] 대화상자가 나오면 [라벨 문서 꾸러미] 탭-[SemoNemoLabel]-**[C-3020 소분류용 라벨]**을 선택한 후 <열기>를 클릭해요.

03 라벨 문서가 만들어지면 F5 를 세 번 눌러 표 전체를 블록으로 지정한 후 L 을 눌러요.

04 [셀 테두리/배경] 대화상자가 나오면 [배경] 탭에서 **그림**을 체크한 후 **그림 선택**(📁)을 클릭해요.

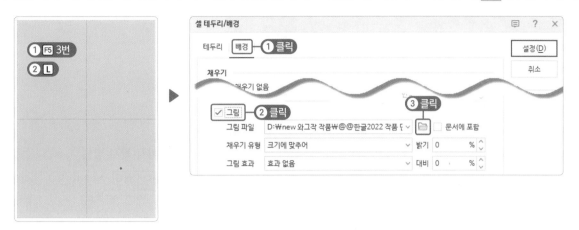

05 [그림 넣기] 대화상자가 나오면 [Chapter 12] 폴더에서 **배경.jpg**를 더블 클릭한 후 [셀 테두리/배경] 대화상자에서 <설정>을 클릭해요.

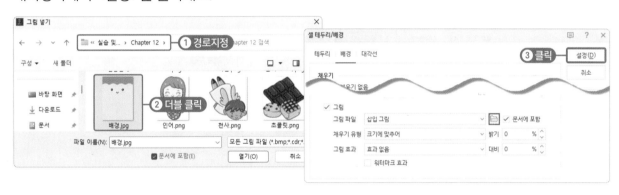

STEP 3 그림으로 밸런스 카드 만들기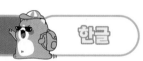

01 [입력] 탭에서 [가로 글상자]를 선택하여 아래 그림처럼 글상자를 추가한 후 텍스트를 입력하고 글자 서식과 도형 서식을 지정해요.

· 글자 서식 : 글꼴, 글자 크기, 글자 색(하양), 가운데 정렬, 그림자(Alt+L)
· 도형 서식 : 도형 윤곽선(없음), 도형 채우기(없음)

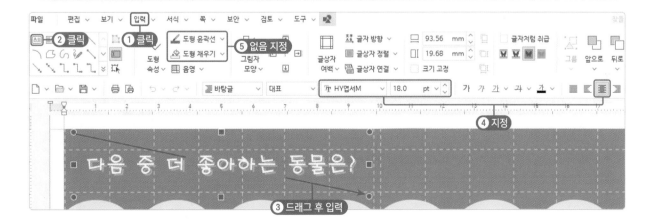

02 완성된 글상자를 복사하여 다른 셀에 붙여넣은 후 내용을 변경해요.

TIP **글상자 복사 방법**
① Ctrl + C → Ctrl + V
② Ctrl + Shift + 드래그

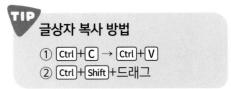

03 첫 번째 셀을 선택한 후 [입력] 탭에서 [그림(▨)]을 클릭해요. [그림 넣기] 대화상자가 나오면 [Chapter 12] 폴더에서 **코끼리.png** 파일을 더블 클릭해요.

04 그림을 선택한 후 [그림(🌷)] 탭에서 **[글자처럼 취급]**의 선택을 해제하고 **[글 앞으로(▤)]**를 선택해요. 이어서, 크기를 변경한 후 아래 그림처럼 위치를 변경해요.

05 같은 방법으로 질문에 맞는 그림인 **기린.png, VS.png**를 추가한 후 그림처럼 배치해요.

06 같은 방법으로 다른 셀에도 아래 그림처럼 각각의 그림을 추가하여 배치해요.

두 번째 셀 : 천사, 인어, 세 번째 셀 : 롤러코스터, 회전목마, 네 번째 셀 : 피자, 초콜릿

07 [입력] 탭에서 **[가로 글상자]**를 선택하여 아래 그림처럼 글상자를 추가한 후 내용을 입력하고 글자 서식과 도형 서식을 지정해요.

· 글자 서식 : 글꼴, 글자 크기, 글자 색, 가운데 정렬, 그림자(Alt)+(L))
· 도형 서식 : 도형 윤곽선(없음), 도형 채우기(없음)

08 글상자를 복사하여 다른 셀에 붙여넣은 후 내용과 글자색을 변경해요.

라벨 문서를 이용하여 나만의 밸런스 게임 카드를 만들어보세요.

📁 **실습 및 완성파일** [Chapter 12]-[연습문제] 폴더

작성
조건 ⭐

▹ 라벨 문서 : [SemoNemoLabel]-[C-3020 소분류용 라벨]

▹ 배경 삽입 : 배경.png

▹ 글상자 삽입 : 원하는 밸런스 게임 내용 입력, 도형 윤곽선(없음), 도형 채우기(없음)

▹ 그림 저장 : 밸런스 게임에 맞는 그림 또는 사진을 검색하여 다른 이름으로 저장

▹ 그림 삽입 : 인터넷에서 저장한 그림을 셀에 삽입, 회색 아래쪽 그림자(▣)

13 CHAPTER

명화 픽셀 아트 만들기

인터넷 ··· 인터넷에서 명화 그림을 검색하여 정보를 확인할 수 있습니다.
한글 ··· 표를 만들어 자동 채우기를 할 수 있습니다.
한글 ··· 셀에 배경색을 지정하여 그림을 그릴 수 있습니다.

오늘의 작품

📁 **실습 및 완성파일** [Chapter 13] 폴더

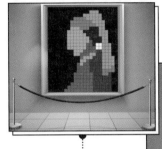

오늘의 OXOX   **표에서 셀의 크기를 아주 작게 만들 수 있다!**

01 **구글 크롬(⊙)**을 실행하여 검색 칸에 **진주 귀걸이를 한 소녀**를 입력한 후 Enter 를 눌러요. 여러 검색 결과 중에서 **나무위키**를 클릭하여 해당 명화에 대한 정보를 확인해요.

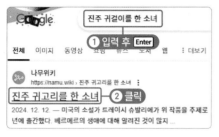

01 한글을 실행한 후 **명화.hwp** 파일을 불러와 [입력] 탭에서 **[표(▦)]**를 클릭해요.

02 [표 만들기] 대화상자가 나오면 **줄 개수(26)**와 **칸 개수(22)**를 입력하고 **글자처럼 취급**의 체크를 해제한 후 <만들기>를 클릭해요.

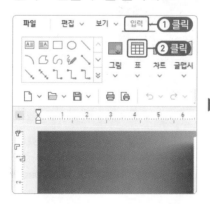

03 F5 를 3번 눌러 표 전체를 블록으로 지정한 후 글자 크기를 **1.0pt**로 변경해요. 이어서, Ctrl 을 누른 채 방향키(←)를 눌러 표의 크기를 줄인 후 P 를 눌러요.

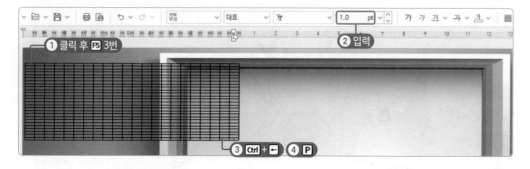

04 [표/셀 속성] 대화상자가 나오면 [셀] 탭에서 **셀 크기 적용**을 체크하여 너비와 높이를 **6.30mm**로 입력한 후 **안 여백 지정**을 체크하여 모든 값을 **0.00mm**로 입력하고 <설정>을 클릭해요.

05 크기가 변경되면 표의 테두리를 마우스로 드래그하여 그림처럼 배치해요. 이어서, 표 전체를 블록으로 지정한 후 **글자 크기(10pt)**와 **가운데 정렬(≡)**을 지정해요.

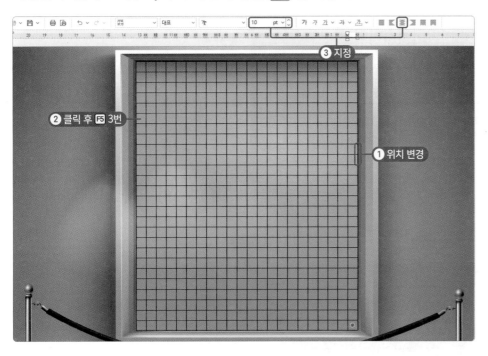

06 블록을 해제한 후 왼쪽 첫 번째 셀에 **1**을 입력해요. 첫 번째 줄 전체를 드래그하여 블록으로 지정한 후 마우스 오른쪽 버튼을 눌러 [채우기]-**[표 자동 채우기]**를 클릭해요.

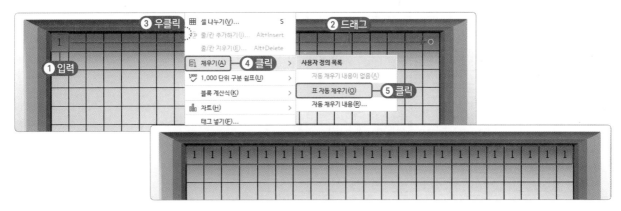

07 같은 방법으로 왼쪽 첫 번째 셀에 2~26을 입력한 후 자동 채우기 하세요.

01 Ctrl을 누른 채 숫자 위치를 확인하면서 아래 그림처럼 블록을 지정해요.

TIP 블록 해제

Ctrl을 누른 채 블록이 지정된 특정 셀을 클릭하면 블록이 해제돼요. 블록을 지정할 때는 숫자 위치를 확인하면서 지정하세요.

02 [표 디자인( )] 탭-[표 채우기]-[스펙트럼]을 선택하고 R(224), G(186), B(18) 값을 입력한 후 <적용>을 클릭해요.

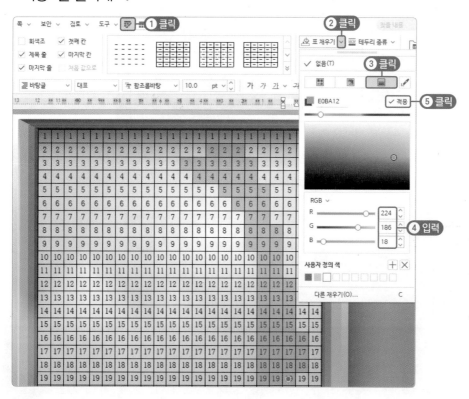

TIP 참고 파일

작업이 어려울 경우 [Chapter 13] 폴더 안에 있는 명화 번호.hwp 파일을 열어서 참고해 주세요.

03 같은 방법으로 아래 그림을 참고하여 블록을 지정하고 R(78), G(150), B(229) 값을 입력한 후 <적용>을 클릭해요.

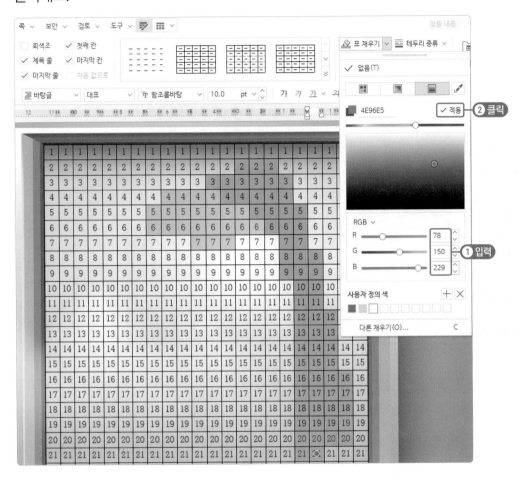

04 아래 그림을 참고하여 블록을 지정하고 R(25), G(51), B(137) 값을 입력한 후 <적용>을 클릭해요.

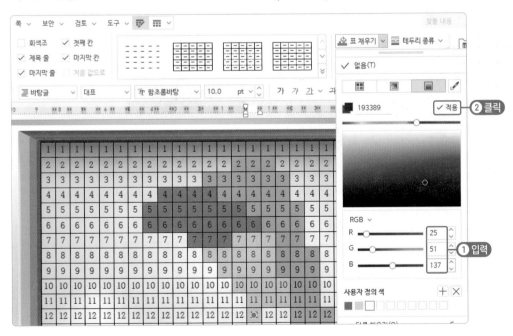

05 아래 그림을 참고하여 블록을 지정하고 [표 디자인(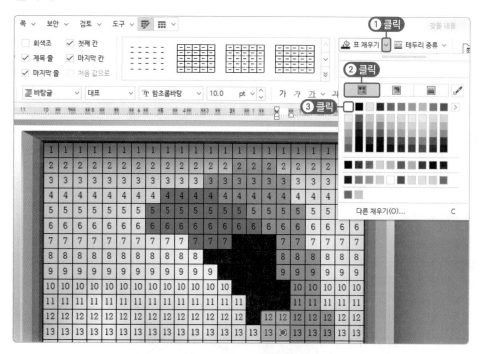)] 탭-[표 채우기]-[테마 색]을 선택한 후 **하양**을 클릭해요.

06 아래 그림을 참고하여 블록을 지정하고 [스팩트럼]에서 **R(217), G(186), B(166)** 값을 입력한 후 <적용>을 클릭해요.

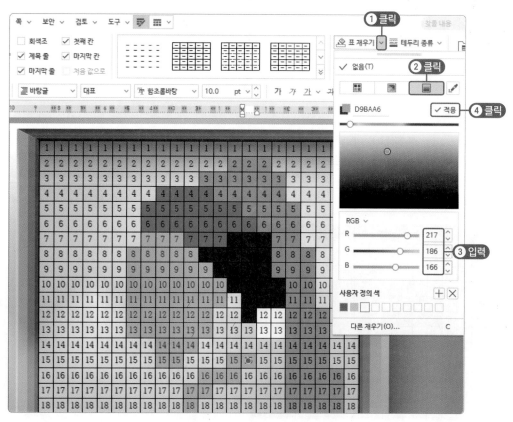

07 아래 그림을 참고하여 블록을 지정하고 R(164), G(112), B(74) 값을 입력한 후 <적용>을 클릭해요.

08 아래 그림을 참고하여 블록을 지정하고 R(97), G(79), B(58) 값을 입력한 후 <적용>을 클릭해요.

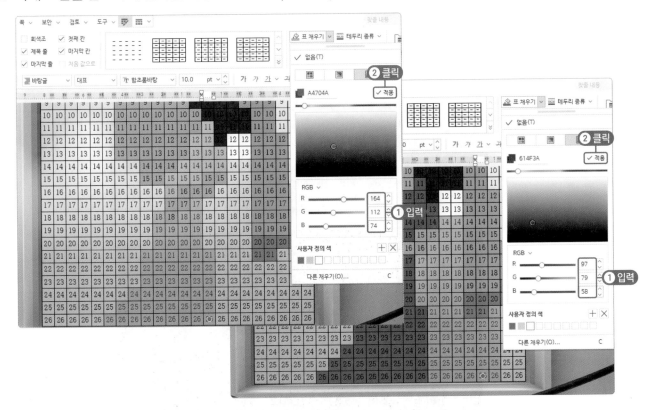

09 나머지 셀들을 블록으로 지정하고 [표 디자인(▤)] 탭-[표 채우기]-[테마색]을 선택한 후 **검정 15% 밝게**를 클릭해요. 이어서, 표 전체를 블록으로 지정한 후 Delete 를 눌러 표 안의 숫자를 삭제해요.

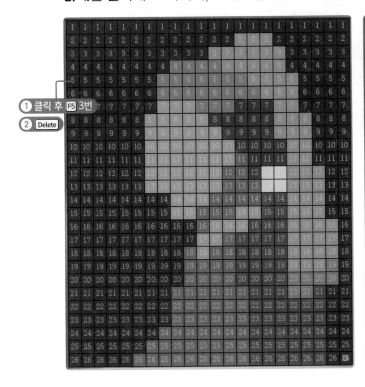

'팩맨.hwp' 파일을 불러와 팩맨 게임기를 만들어 보세요.

📁 **실습 및 완성파일** [Chapter 13]–[연습문제] 폴더

작성 조건 ⭐
- ▸ 완성 이미지를 참고하여 흰색 배경 셀만 선택하여 '색 채우기 없음' 또는 '면 색'을 지정
- ▸ 테두리 : 모든 테두리를 '없음'으로 지정
- ▸ 파란 벽 : 파란 벽 셀만 블록 지정 → 테두리 종류(실선), 굵기(1mm), 색(파랑) → 테두리 지정
- ▸ 그림 삽입 : 귀신.png, 팩맨.png → 크기 조절

HINT ⭐

파란 벽
1 화면을 확대한 후 [Ctrl]을 누른 채 파란색 벽으로 변경할 셀들을 선택
2 테두리 지정 시 위치(왼쪽, 오른쪽, 위쪽, 아래쪽)를 잘 확인
3 한 번에 모든 선을 바꾸지 말고 부분적으로 끊어서 선을 바꿈

CHAPTER 14
AI로 스토리 만들어 웹툰 작가되기

한글 ··· 각각의 셀에 배경 그림을 넣고 움직이는 그림을 삽입할 수 있습니다.

인터넷 ··· 움직이는 그림을 찾아서 저장할 수 있습니다.

인공지능 ··· ChatGPT에서 웹툰 스토리를 만들 수 있습니다.

오늘의 작품

📁 **실습 및 완성파일** [Chapter 14] 폴더

오늘의 **TOON**   ## ChatGPT에서 웹툰 스토리 만들기

ChatGPT는 입력한 내용에 맞추어 전체 스토리를 만들어줘요.
만약 세부적으로 내용이 부족하다고 판단되면 그림 컷에 맞추어 다시 요청할 수 있어요.

01 한글을 실행한 후 **웹툰만들기.hwp** 파일을 불러와요. 표를 삽입하기 위해 [입력] 탭-[표(⊞)]에서 **3줄×2칸**을 드래그하여 표를 삽입해요.

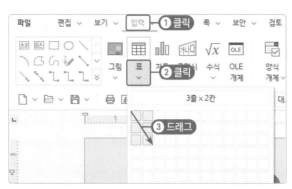

02 표가 삽입되면 F5를 세 번 눌러 표 전체를 블록으로 지정해요. 이어서, Ctrl+↓를 눌러서 문서 크기에 맞게 표의 크기를 변경해요.

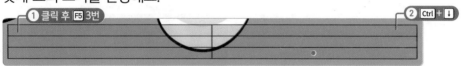

03 표의 크기가 변경되면 L을 눌러요. [셀 테두리/배경] 대화상자가 나오면 [테두리] 탭에서 **굵기(1mm), 색(하양), 모두(⊞)**를 지정한 후 <설정>을 클릭해요.

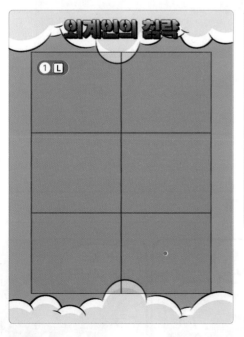

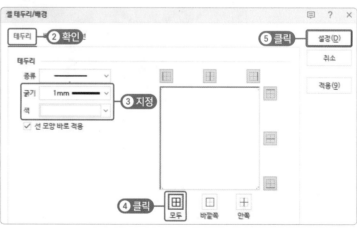

> **TIP**
>
> **표 블록 지정**
>
> 표의 테두리 및 셀 속성 등을 작업할 때는 표가 블록으로 지정된 상태에서 작업해야 해요. 만약 블록이 해제되었을 경우에는 표를 블록으로 지정해 주세요.

04 테두리가 변경되면 P를 눌러요. [표/셀 속성] 대화상자가 나오면 [셀] 탭에서 **안 여백 지정**을 체크하여 모든 값을 **0**으로 입력한 후 세로 정렬을 **위(▤)**로 선택하고 <설정>을 클릭해요.

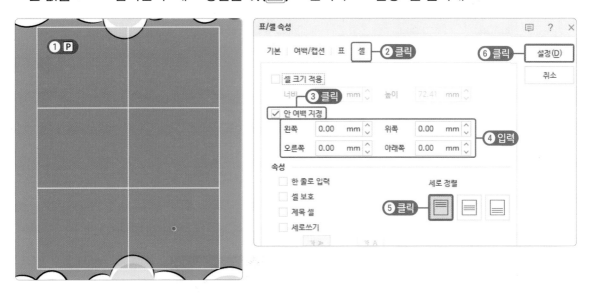

05 Esc를 눌러 블록을 해제한 후 맨 위쪽 첫 번째 셀을 클릭해요. F5를 눌러 해당 셀만 블록으로 지정한 후 마우스 오른쪽 버튼을 눌러 [셀 테두리/배경]−**[하나의 셀처럼 적용]**을 클릭해요.

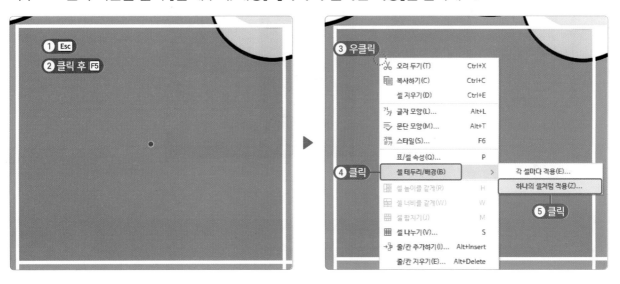

06 [셀 테두리/배경] 대화상자가 나오면 [배경] 탭에서 **그림**을 체크한 후 **그림 선택(📁)**을 클릭해요.

07 [그림 넣기] 대화상자가 나오면 [Chapter 14] 폴더에서 **1.jpg**를 더블 클릭한 후 [셀 테두리/배경] 대화상자에서 <설정>을 클릭해요.

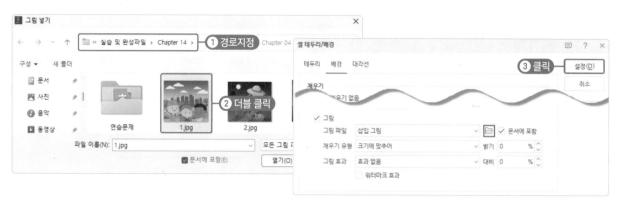

08 05~07과 같은 방법으로 각 셀마다 순서대로 배경 그림(2~6.jpg)을 넣어보세요.

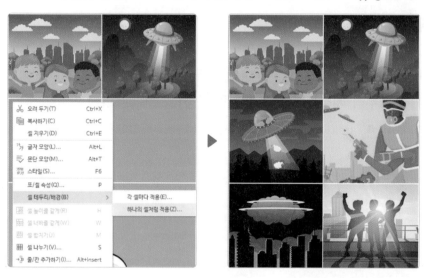

01 구글 크롬(◎)을 실행한 후 검색 칸에 **pixabay.com**을 입력한 후 Enter를 눌러요. 픽사베이 사이트가 열리면 메뉴에서 GIF를 클릭해요.

02 검색 칸에 **SUN**을 입력한 후 Enter를 눌러요. 여러 가지 gif 파일이 검색되어 나오면 아래 그림과 같은 **해** 그림을 찾아서 클릭해요.

03 화면이 바뀌면 <다운로드>를 클릭하여 크기가 가장 작은 그림(**128*128**)을 선택한 후 아래쪽 **<다운로드>**를 눌러 그림을 저장해요.

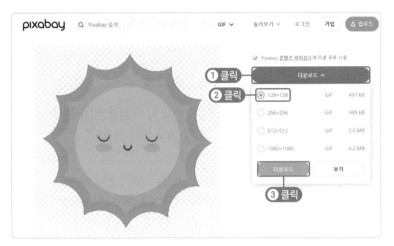

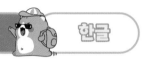

TIP

움직이는 그림(GIF)

해당 그림은 윈도우 [다운로드] 폴더에 저장되며, 그림 용량이 작은 GIF 파일을 삽입해야 한글 문서에서 움직이는 모습을 볼 수 있어요.

STEP 3 움직이는 그림 삽입하기 · 한글

01 한글에서 첫 번째 그림 칸을 선택한 후 [입력] 탭-[**그림(**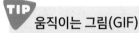**)**]을 클릭해요. [그림 넣기] 대화상자가 나오면 [다운로드] 폴더에서 **해** 그림을 더블 클릭해요.

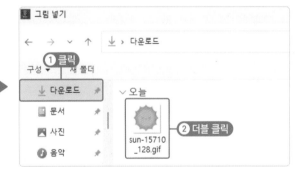

02 그림이 삽입되면 크기를 조절하고 **가운데 정렬(**☰**)**을 지정한 후 움직이는 그림을 확인해요.

01 구글 크롬에서 새 탭(+)을 누른 후 검색 칸에 **chatgpt.com**을 입력한 후 Enter 를 눌러요. 로그인 대화상자가 나오면 **로그아웃 유지**를 클릭해요.

02 ChatGPT에게 6컷의 웹툰 스토리를 질문해 전체적인 스토리를 만들어봐요.

- 스토리보드 : 그림1(행복한 도시) → 그림2(외계인 지구 도착) → 그림3(외계인이 동물을 납치) → 그림4(외계인과 지구인 전쟁) → 그림5(외계인 우주선 폭파) → 그림6(승리 기쁨)

> **질문 예** 📎　행복한 지구에 외계인이 침략해 동물들을 납치하자 지구인들은 전쟁을 벌이게 된다. 외계인 우주선을 폭파해 지구인들이 승리하고 승리의 기쁨을 즐긴다. 이 내용으로 6컷으로된 웹툰 스토리를 만들어줘. ⬆

> 행복한 지구에 외계인이 침략해 동물들을 납치하자 지구인들과 전쟁을 벌이게 된다. 외계인 우주선을 폭파해 지구인들이 승리하고 승리의 기쁨을 즐긴다. 이 내용으로 6컷으로된 웹툰 스토리를 만들어줘
>
> 🌐 **웹툰 스토리 (6컷)**
>
> **컷 1: 행복한 지구**
> *배경: 맑고 푸른 하늘, 평화로운 동물들이 풀밭에서 뛰어놀고 있는 장면.*
> *대사: "오늘도 지구는 평화롭다. 동물들도 행복하게 살고 있고...."*

03 그림(1~6)과 스토리를 비교하여 일치하지 않은 부분이 있다면, 해당 컷만 스토리를 다시 만들어 달라고 요청해요.

> 컷4에서 외계인과 지구인이 전쟁할 때 도시에서 싸우는 장면으로 변경해줘
>
> 🌐 **웹툰 스토리 수정 (6컷)**
>
> **컷 1: 행복한 지구**
> *배경: 맑고 푸른 하늘, 평화로운 동물들이 풀밭에서 뛰어놀고 있는 장면.*
> *대사: "오늘도 지구는 평화롭다. 동물들도 행복하게 살고 있고...."*

04 스토리를 복사해 각 셀에 붙여 넣은 후 **글자 색(하양, 검정)**과 **가운데 정렬(≡)**을 지정하여 웹툰을 완성해요.

> **TIP**
> **HTML 문서 붙이기**
> 챗GPT 내용을 한글에 붙여 넣을 때 '텍스트 형식으로 붙이기'를 선택하며, 배경 그림에 맞추어 문장의 위치를 변경해요.

나만의 작품

'인생사진.hwp' 파일을 불러와 나만의 인생넷컷 사진을 만들어 보세요.

📁 **실습 및 완성파일** [Chapter 14]-[연습문제] 폴더

작성 조건 ⭐

▸ 표 만들기 : 2줄 2칸, 크기 변경, [표 레이아웃(⊞)]-[글자처럼 취급] 선택
▸ 표 테두리 : 굵기-2mm, 색-하양, 모두(⊞)
▸ 셀 그림 삽입 : 사진1~사진4.jpg
▸ ChatGPT : 사진 촬영 재미있는 포즈!!

질문 예   사진 촬영 시 재미있는 포즈 알려줘.

▸ 제목 : 글꼴, 글자 크기, 글자색, 기울임, 가운데 정렬
▸ 내용 : 글꼴, 글자 크기, 글자색

할로윈 호박 귀신 만들기

한글 … 곡선과 다각형 그리기 도구로 호박 모양을 그릴 수 있습니다.
한글 … 도형을 하나의 그룹으로 지정할 수 있습니다.

📁 실습 및 완성파일 [Chapter 15] 폴더

오늘의 OXOX **한글에서 내가 원하는 모양의 도형을 그릴 수 있다.**

당연하지.
곡선 또는 다각형을
이용하면 내가
원하는 도형을
그릴 수 있어.

한글은 사각형과
타원 도형만 그릴 수
있기 때문에
불가능해.

01 한글을 실행한 후 **할로윈.hwp** 파일을 불러와 [입력] 탭에서 **[곡선(⌒)]**을 선택해요.

02 화면을 확대하여 갈색 테두리 안쪽 노란색 부분을 시계 방향으로 클릭하다가 첫 번째로 클릭했던 시작점을 만나면 더블 클릭해요.

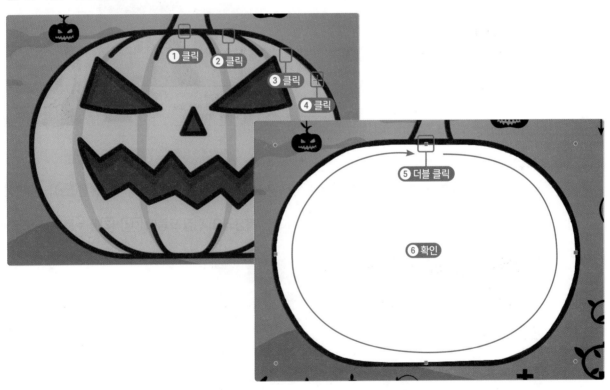

TIP

호박 모양 도형 그리기

테두리를 따라 원을 그리듯이 일정한 간격에 맞추어 클릭해요.

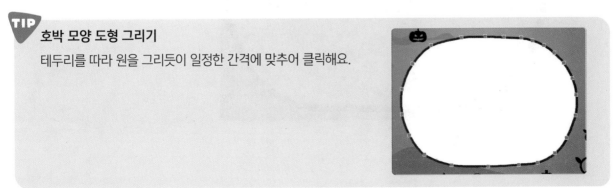

03 도형이 선택된 상태에서 P를 눌러요. [개체 속성] 대화상자가 나오면 [채우기] 탭에서 면 색-**색 골라내기**(✏️)를 선택한 후 작은 호박 그림 내부를 클릭해요.

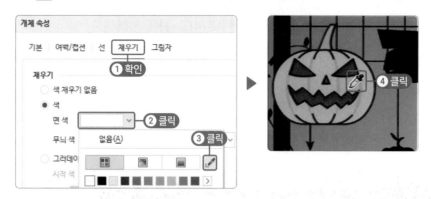

04 [선] 탭에서 **색-색 골라내기**(✏️)를 선택하여 작은 호박의 외곽선을 클릭한 후 굵기를 **2.00mm**로 입력하고 <설정>을 클릭해요.

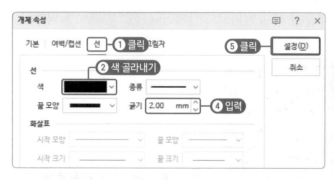 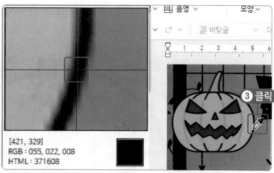

> **TIP**
>
> **다각형 편집**
>
> ① 조절점을 이용하여 도형의 모양을 편집할 수 있는 기능으로 [도형(🔲)] 탭-[다각형 편집(🔲)]-[다각형 편집]을 클릭해요.
> ② 조절점을 드래그하여 모양을 편집한 후 Esc를 누르면 저장돼요. 편집 도중에 Ctrl+Z를 누르면 이전 모양으로 되돌아가요.
>
>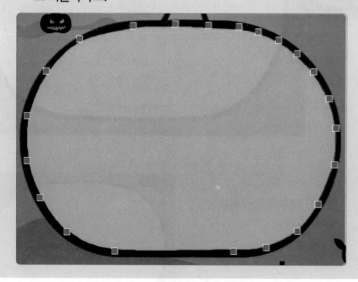

한글

01 호박 모양 도형이 완성되면 P를 눌러요. [개체 속성] 대화상자가 나오면 [채우기] 탭에서 **투명도를 50**으로 입력한 후 <설정>을 클릭해요.

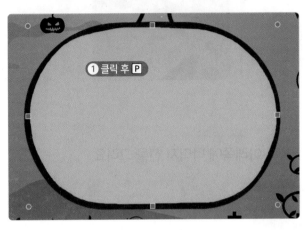

02 뒤쪽 호박 그림이 보이면 **곡선(◠)**을 이용하여 4개의 세로 줄무늬를 따라 그려요.

03 Shift를 누른 채 4개의 도형을 모두 선택한 후 P를 눌러요. [개체 속성] 대화상자가 나오면 **선(종류-없음)**과 **채우기(면 색-색 골라내기(🖉))**를 지정해요.

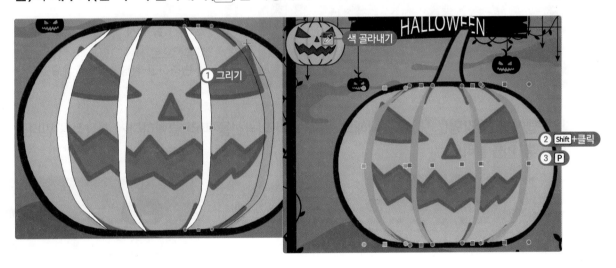

04 [입력] 탭에서 **[자유선(✎)]**을 선택한 후 마우스 왼쪽 버튼을 누른 채 선을 그리고 Esc를 눌러요. 자유선이 그려지면 선택 후 P를 눌러요.

05 [개체 속성] 대화상자가 나오면 [선] 탭에서 **색-색 골라내기(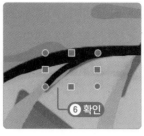), 끝 모양(둥글게), 굵기(2.00mm)**를 지정하고 <설정>을 클릭해요.

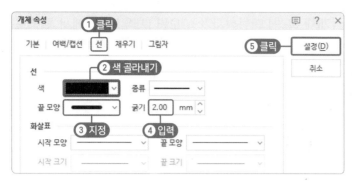

06 같은 방법으로 **[자유선(✎)]**을 이용하여 호박 위쪽과 아래쪽에 나머지 선을 그려요.

> **TIP 선 크기 및 위치**
> 자유선으로 선을 그린 후 조절점으로 크기를 변경하고 위치를 맞춰주세요.

07 [입력] 탭에서 **[다각형(⬠)]**을 선택해요. 왼쪽 눈의 외곽선을 따라 클릭하다가 시작점을 만나면 더블 클릭한 후 P를 눌러요.

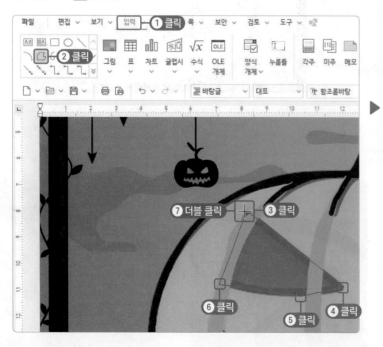

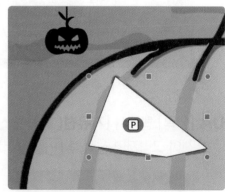

08 [개체 속성] 대화상자가 나오면 [선] 탭에서 **색**과 **굵기(2mm)**를 지정한 후 [채우기] 탭에서 **면 색**을 지정해요.

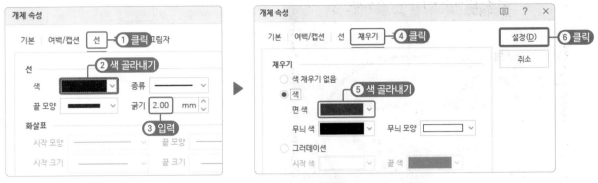

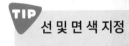 **선 및 면 색 지정**

눈 모양의 도형 역시 **색 골라내기(🖉)**를 이용하여 선과 면 색을 지정해요.

09 똑같은 방법으로 나머지 **눈, 코, 입**을 그려요.

10 호박 그림을 삭제하기 위해 Shift를 누른 채 왼쪽 작은 그림과 가운데 큰 그림을 선택해요. 이어서, Delete를 눌러 삭제하고 가운데 큰 호박 도형을 더블 클릭해요.

11 [개체 속성] 대화상자가 나오면 [채우기] 탭에서 **투명도**를 0으로 입력한 후 <설정>을 클릭해요.

12 [편집] 탭에서 **개체 선택**(⬚)을 클릭한 후 모든 도형이 선택되도록 대각선 방향으로 드래그해요. 이어서, [도형(🎨)] 탭-[그룹(🔺)]-**[개체 묶기]**를 선택하여 도형을 그룹화해요.

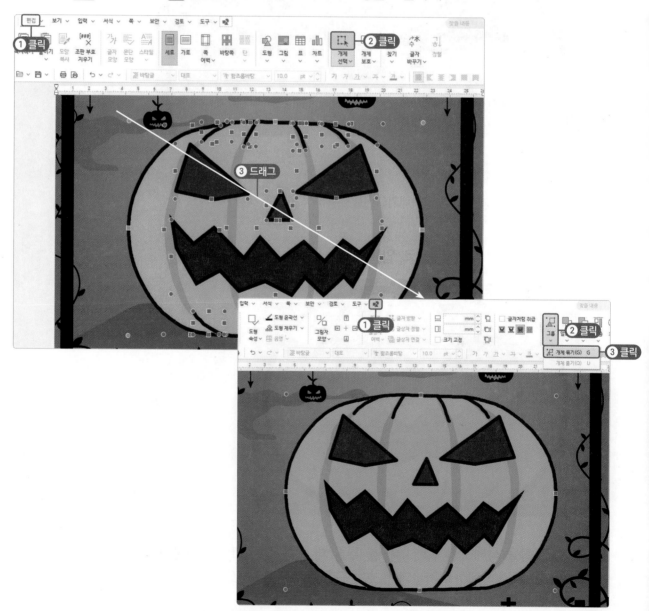

'유령의집.hwp' 파일을 불러와 곡선을 이용하여 유령을 그려보세요.

실습 및 완성파일 [Chapter 15]–[연습문제] 폴더

작성
조건 ★

▹ 왼쪽 작은 유령 그림을 복사하여 크기 및 위치 변경

▹ 곡선(⟲)을 이용하여 유령을 그린 후 '선(선 색 및 굵기)'과 '채우기(면 색)'를 지정

▹ 도형을 투명하게 변경한 후 뒤쪽 유령 그림을 참고하여 그림을 완성함

▹ 모든 도형을 그룹으로 지정한 후 투명도를 50%로 지정

16
CHAPTER

종|합|평|가
태양계 행성 만들기

지금까지 배운 내용을 이용하여 태양계 행성을 만들어 보세요.

📁 **실습 및 완성파일** [Chapter 16] 폴더

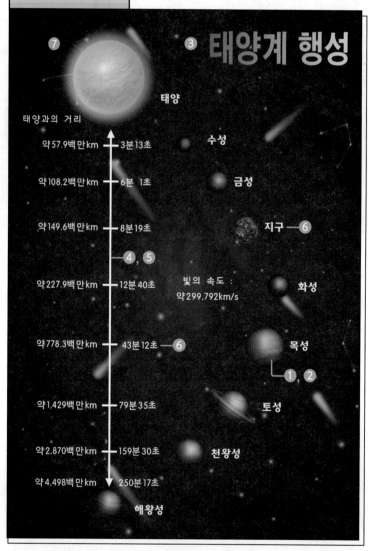

① ChatGPT를 이용하여 태양계 행성별 거리와 이동 시간 알아보기

> 질문 예 　 태양계 행성들이 태양으로부터 얼마나 떨어져 있는지 거리를 알려줘.

> 질문 예 　 빛의 속도를 기준으로 태양계 행성들이 태양까지 이동하는데 걸리는 시간을 알려줘.

한글 작성조건

① 그림 삽입 : [Chapter 16] 폴더에서 태양계 행성 이름으로 된 그림 삽입
② 그림 속성 및 그림 효과 : 글자처럼 취급 해제, 글 앞으로 → 그림자(안쪽-가운데) → 위치 변경
③ 글맵시 : 스타일(), 글맵시 모양()
④ 세로 선 : 직선() 선택 → 선 색(하양) → 선 굵기(1.00mm) → 시작 모양/끝 모양(화살표 모양)
⑤ 가로 선 : 직선() 선택 → 선 색(하양) → 선 굵기(1.00mm) → Ctrl+드래그

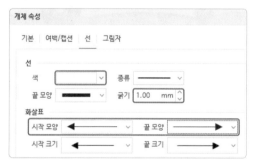　

▲ 세로 선　　　　　　　　　▲ 가로 선

⑥ 글상자 : 가로 글상자 → 내용 입력 → 글꼴, 글자 크기, 글자 색 지정 → 도형 윤곽선(없음), 도형 채우기 (없음) → Ctrl+드래그 → 내용 수정
⑦ 하이퍼링크 : [Chapter 16] 폴더에서 '하이퍼링크 주소.txt 열기' → 링크 주소 복사(https://namu. wiki/w/태양) → 태양 그림 위에서 마우스 오른쪽 버튼-[하이퍼링크] → 웹 주소 입력 칸에 붙여넣기 → Ctrl을 누른 채 태양 클릭 → 나무위키가 잘 열리는지 확인 → 같은 방법으로 나머지 태양계 행성 그림에 웹 하이퍼링크 지정

　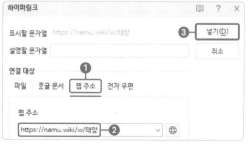　

▲ Ctrl+클릭 결과

⑧ 그룹 지정 : 모든 개체 선택(도형, 그림, 글상자, 글맵시) → 개체 묶기

CHAPTER 17

체험학습 보고서 만들기

한글 ⋯ 글맵시, 표, 글상자를 이용하여 체험학습 보고서 양식을 만들 수 있습니다.

인터넷 ⋯ 체험학습 보고서에 필요한 사진을 캡처할 수 있습니다.

인공지능 ⋯ 체험학습 보고서를 잘 쓸 수 있는 방법과 예시를 알아봅니다.

오늘의 작품

📁 실습 및 완성파일 [Chapter 17] 폴더

오늘의 TOON **ChatGPT에서 보고서 예시 찾아보기**

ChatGPT에게 보고서 작성에 필요한 특정 장소와 주제를 알려주면
보고서 작성 요령과 함께 참고할 수 있는 예시도 보여줘요.

글맵시로 체험학습 보고서 제목 만들기

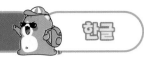
한글

01 한글을 실행하여 **체험학습.hwp** 파일을 불러온 후 [입력] 탭-[글맵시]-[가나다]를 선택해요.

02 [글맵시 만들기] 대화상자가 나오면 내용(**체험학습 보고서**)를 입력하고 원하는 글맵시 모양과 글꼴을 지정한 후 <설정>을 클릭해요.

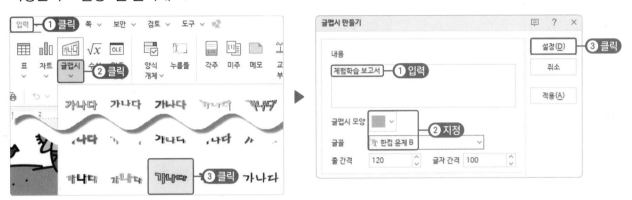

03 글맵시가 삽입되면 위치와 크기를 변경한 후 더블 클릭해요. [개체 속성] 대화상자가 나오면 [채우기] 탭에서 원하는 **그러데이션 유형**을 선택한 후 <설정>을 클릭해요.

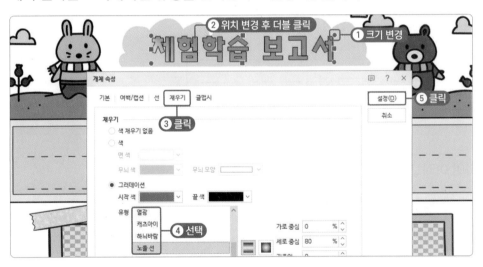

표와 글상자를 이용하여 보고서 양식 만들기

한글

01 표를 삽입하기 위해 [입력] 탭-[표(표)]에서 **2줄×5칸**을 드래그하여 표를 삽입해요.

02 삽입된 표의 테두리를 드래그하여 위치를 변경한 후 조절점을 이용하여 아래 그림처럼 노란색 배경에 맞춰 표의 크기를 변경해요.

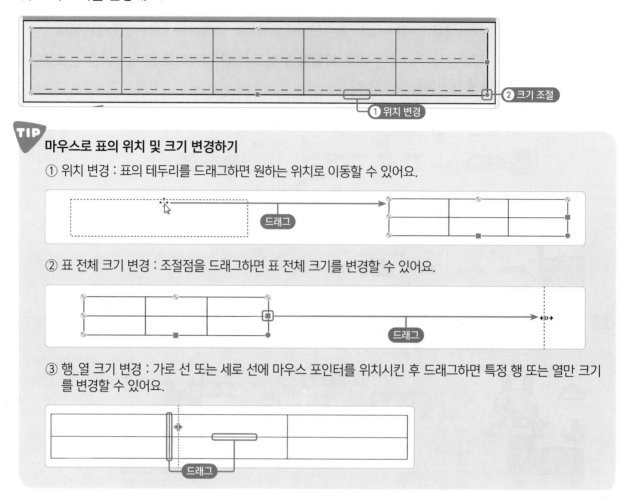

TIP

마우스로 표의 위치 및 크기 변경하기

① 위치 변경 : 표의 테두리를 드래그하면 원하는 위치로 이동할 수 있어요.

② 표 전체 크기 변경 : 조절점을 드래그하면 표 전체 크기를 변경할 수 있어요.

③ 행_열 크기 변경 : 가로 선 또는 세로 선에 마우스 포인터를 위치시킨 후 드래그하면 특정 행 또는 열만 크기를 변경할 수 있어요.

03 세로 선을 드래그하여 아래 그림처럼 셀들의 크기를 변경해요.

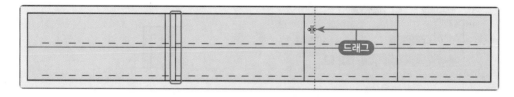

04 아래쪽 행을 블록으로 지정한 후 M을 눌러요. 셀이 합쳐지면 다시 아래쪽 행을 블록으로 지정한 후 S를 눌러요.

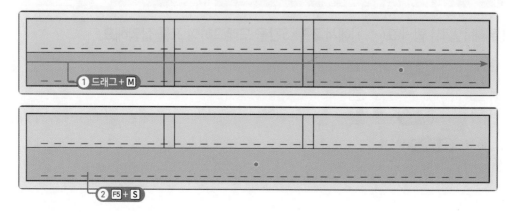

05 [셀 나누기] 대화상자가 나오면 **칸 개수(2)**만 선택하고 <나누기>를 클릭해요.

06 표 전체를 블록으로 지정하고 [표 디자인(▦)] 탭-[테두리]-[테두리 없음]을 선택한 후 **글꼴, 글자 크기, 가운데 정렬**을 지정해요.

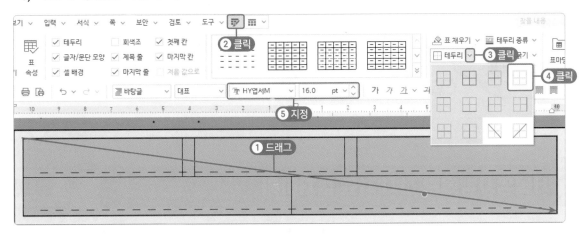

07 각각의 셀에 아래 그림과 같이 내용을 입력해요.

08 표 작업이 끝나면 [입력] 탭에서 **[가로 글상자]**를 클릭해요. 마우스 포인터 모양(+)이 변경되면 커피잔 안쪽을 드래그한 후 내용을 입력하고 Esc를 눌러요.

09 [서식] 도구 상자에서 **글꼴, 글자 크기, 가운데 정렬**을 지정해요.

10 도형( ) 탭에서 **도형 윤곽선**과 **도형 채우기**를 **없음**으로 지정해요.

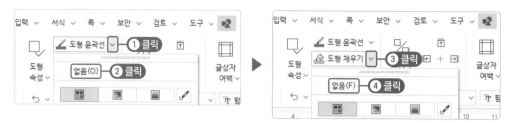

11 Ctrl+Shift를 누른 채 글상자를 오른쪽으로 드래그하여 복사한 후 내용을 변경해요.

STEP 3 서울역사박물관 전시 자료 캡처하기

01 **구글 크롬(** **)**을 실행하여 검색 칸에 **서울역사박물관**을 입력한 후 Enter를 눌러요. **서울역사박물관**이 검색되어 나오면 링크 주소를 클릭해요.

02 해당 사이트가 열리면 [전시]-[**전시물 소개**]를 클릭해요. 전시물 소개 페이지가 나오면 **아래쪽 페이지 번호**를 클릭하여 원하는 이미지를 찾은 후 해당 사진을 클릭해요.

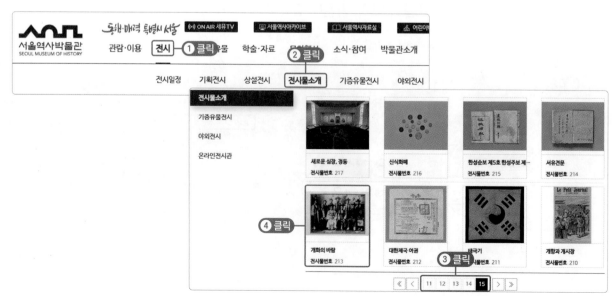

01 한글에서 문서 위쪽을 클릭한 후 [입력] 탭-[그림]-**[스크린 샷]**을 선택한 다음 **[글자처럼 취급]**을 해제하고 **[화면 캡처]**를 클릭해요.

02 캡처 기능이 활성화되면 구글 크롬의 서울역사박물관에서 캡처할 부분을 드래그해요.

03 삽입된 그림을 선택한 후 [그림(🌷)] 탭에서 **[회색 아래쪽 그림자(▨)]**를 클릭하고 왼쪽 액자에 들어갈 수 있도록 크기와 위치를 조절해요.

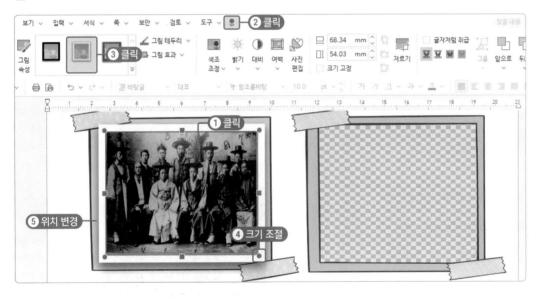

04 같은 방법으로 사진을 캡처하여 오른쪽 액자에 배치해요.

01 **구글 크롬(◎)**을 실행하여 검색 칸에 **chatgpt.com**을 입력한 후 Enter 를 눌러요.

02 체험학습 보고서 작성에 필요한 방법을 알아봐요.

> **질문 예** 초등학교 서울역사박물관 체험학습 보고서를 잘 쓸 수 있는 방법과 예시를 알려줘.

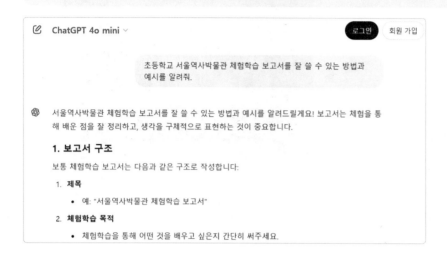

03 예로 보여준 내용을 6줄로 요약하여 **체험내용**과 **느낀점**을 입력한 후 내용 전체를 블록으로 지정하고 [서식] 도구 상자에서 줄간격을 **290**으로 변경해요.

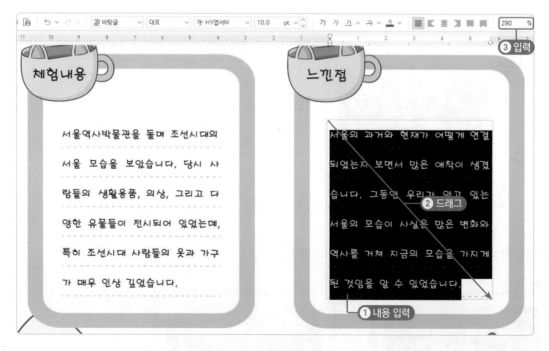

'식물성장보고서.hwp' 파일을 불러와 보고서 문서를 만들어 보세요.

📁 **실습 및 완성파일** [Chapter 17]-[연습문제] 폴더

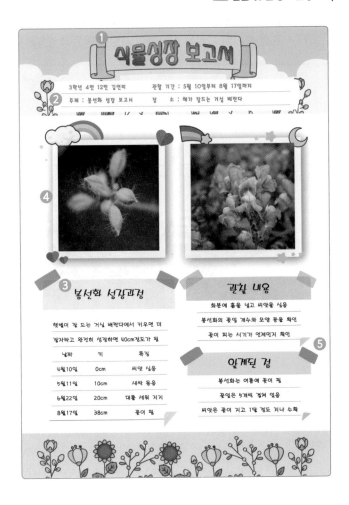

작성 조건 ★

▹ 글맵시(①) : 가나다, 글맵시 모양, 글꼴, [채우기]-그러데이션 유형

▹ 표(②) : 표 삽입 → 표 위치 및 크기 → 셀 크기 → 셀 테두리(없음)

▹ 표 글자 서식 및 문단 모양 : 글꼴, 글자 크기, 글자색, 왼쪽 정렬 → Alt + T → [기본] 탭-들여쓰기(10pt)

▹ 글상자(③) : 글꼴, 글자 크기, 진하게, 가운데 정렬 → 도형 윤곽선(없음), 도형 채우기(없음)

▹ 그림 캡처(④) : 구글 크롬에서 봉선화와 관련된 그림을 검색 → 그림을 캡처하여 삽입 → 그림자([그림 효과]-[그림자]-[안쪽-가운데])

▹ ChatGPT 검색 : 봉선화 관찰 내용 및 알게된 점 검색

질문 예 봉선화 식물성장보고서를 만들려고 해. 성정과정에 대한 특징과 관찰 내용 그리고 알게된 점에 대해 알려줘.

▹ 내용 입력(⑤) : 검색 결과 내용을 정리하여 '관찰 내용'과 '알게된 점' 입력

과거에는 자장면이 얼마였을까?

CHAPTER 18

한글 ··· 표를 만들어 스타일을 지정할 수 있습니다.

인터넷 ··· 원하는 연도를 지정하여 과거의 음식 가격을 확인할 수 있습니다.

한글 ··· 표로 정리된 자료를 이용하여 차트를 만들 수 있습니다.

📁 **실습 및 완성파일** [Chapter 18] 폴더

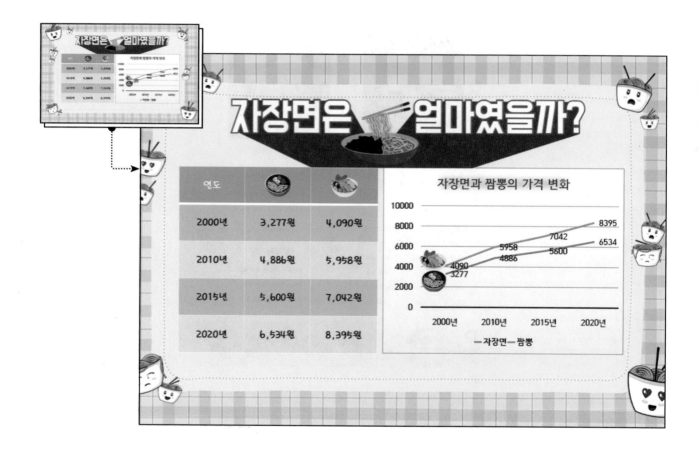

오늘의 QUIZ   차트 활용에 대한 설명 중 잘못된 것은?

 표의 데이터를 차트로 만들면 한 눈에 쉽게 파악할 수 있어.

 차트를 이용하면 값이 얼마나 변동되었는지 쉽게 알 수 있어.

 완성된 차트는 종류를 변경할 수 없기 때문에 처음에 잘 선택해야 해.

01 한글을 실행하여 **자장면.hwp** 파일을 불러온 후 [입력] 탭-[표(⊞)]에서 **5줄×3칸**을 드래그하여 표를 삽입해요.

02 표 전체를 블록으로 지정한 후 [Ctrl]을 누른 채 방향키(←, →, ↑, ↓)로 크기를 조절한 후 표의 테두리를 드래그하여 그림과 같이 위치를 변경해요.

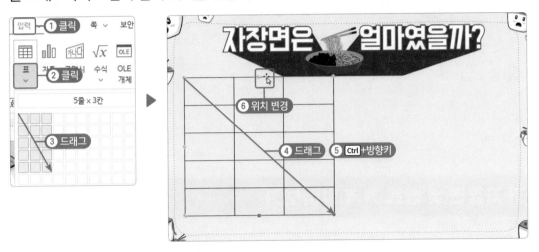

03 표의 테두리가 선택된 상태에서 [표 디자인(⊞)] 탭-[자세히(⌄)]-[**기본 스타일 1 – 노란 색조**]를 선택한 후 **글꼴, 글자 크기, 가운데 정렬**을 지정해요.

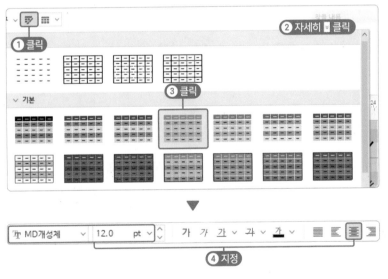

04 오른쪽 그림을 참고하여 내용을 입력한 후 그림이 삽입될 셀을 선택해요.

05 [입력] 탭-[그림()]을 선택한 후 [그림 넣기] 대화상자가 나오면 [Chapter 18] 폴더에서 **자장면.png**를 더블 클릭해요. 똑같은 방법으로 오른쪽 셀에 **짬뽕.png**를 삽입한 후 셀 크기에 맞게 그림의 크기를 줄여요.

STEP 2 과거 자장면 및 짬뽕 가격 알아보기

01 **구글 크롬(◉)**을 실행하여 검색 칸에 **통계로 시간여행**을 입력한 후 Enter를 눌러요. **통계로 시간여행**이 검색되어 나오면 링크 주소를 클릭해요.

02 해당 사이트가 열리면 **이름**을 입력하고 연도를 **2000년**으로 지정한 후 ⌄ 연도적용 과 **<시간여행 떠나기>**를 순서대로 클릭해요. 과거로 시간여행을 떠나면 **물가체험 자장면** 아래쪽에 있는 체험하기를 클릭해요.

03 최근에 먹어본 자장면 가격을 입력한 후 2000년도의 자장면 가격을 확인하여 한글 표 안에 해당 금액을
입력해요. 같은 방법으로 나머지 자장면과 짬뽕 가격도 연도별로 확인하여 입력해요.

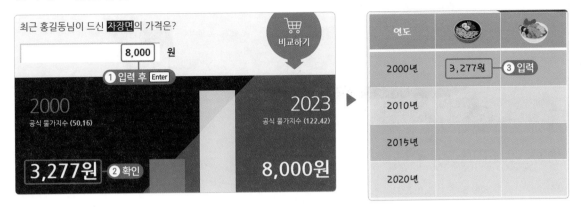

TIP **과거 음식 가격**

최근에 먹었던 자장면 가격을 입력하면 물가지수를 기준으로 2000년의 자장면 가격을 산정하기 때문에 입력한
금액에 따라 자장면 금액이 달라져요.

STEP 3 가격 변동 차트 만들기 한글

01 차트를 만들기 위해 표 전체를 블록으로 지정하고 [입력] 탭-[차트]-**[꺾은선형]**을 선택해요.

02 [차트 데이터 편집] 창이 나오면 1행에 필드명(**연도, 자장면, 짬뽕**)을 입력한 후 [닫기(✕)]를 클릭하여
차트를 완성해요.

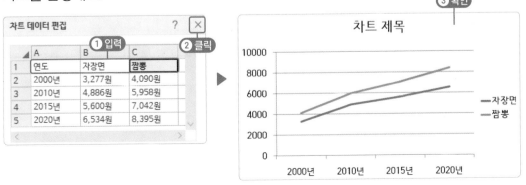

03 차트를 표에 맞추어 위치와 크기를 변경한 후 [차트 디자인(📊)] 탭에서 **[스타일3]**을 선택해요.

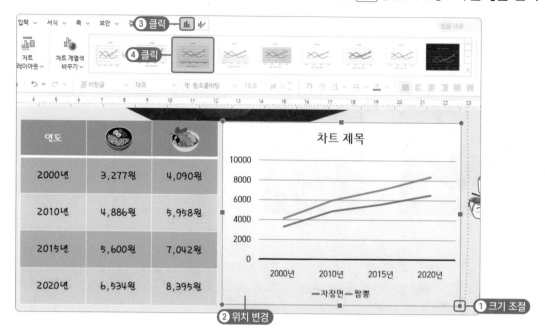

04 차트 제목을 입력하기 위해 차트를 선택한 후 다시 차트 제목을 클릭해요. 차트 제목이 선택되면 마우스 오른쪽 버튼을 눌러 **[제목 편집]**을 선택해요.

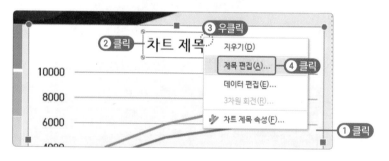

05 [차트 글자 모양] 대화상자가 나오면 **글자 내용(자장면과 짬뽕 가격 변화)**, **진하게**, 글자 색을 입력 및 지정한 후 **<설정>**을 클릭해요.

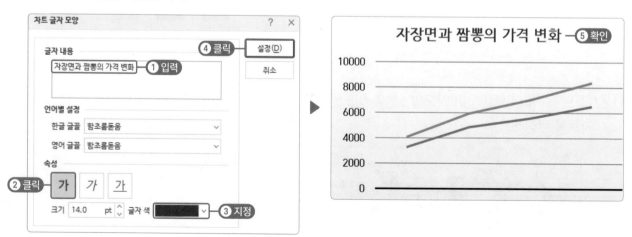

06 차트 제목을 더블 클릭한 후 [개체 속성] 창에서 [그리기 속성(✏)] 탭-[채우기]-**[강조 4]**를 선택하고 [효과(🔲)] 탭-[옅은 테두리]-**[10pt]**를 클릭해요.

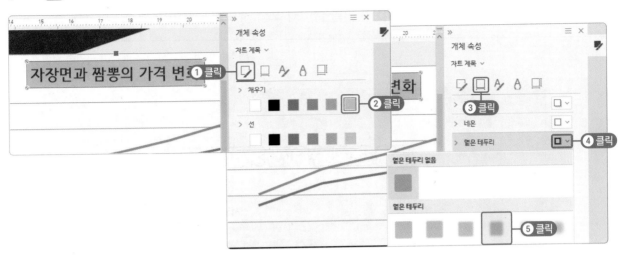

07 차트에 데이터 레이블을 추가하기 위해 **주황색 꺾은선**을 선택한 후 마우스 오른쪽 버튼을 눌러 **[데이터 레이블 추가]**를 클릭해요. 같은 방법으로 **파란색 꺾은선**에도 데이터 레이블을 추가해요.

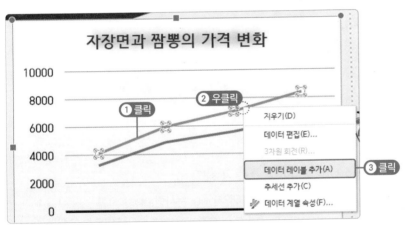

08 표에 있는 **자장면**과 **짬뽕** 그림을 복사하여 표 밖에 붙여넣은 후 [그림(🌷)] 탭에서 **[글자처럼 취급]** 선택을 해제하고 **[글 앞으로(▓)]**를 클릭하여 아래 그림처럼 차트 위에 배치해요.

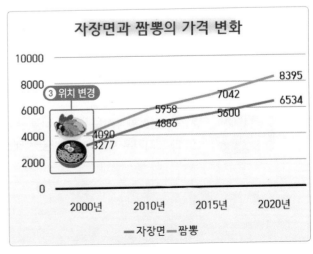

'기온변화.hwp' 파일을 불러와 표와 차트를 만들어 보세요.

📁 **실습 및 완성파일** [Chapter 18]-[연습문제] 폴더

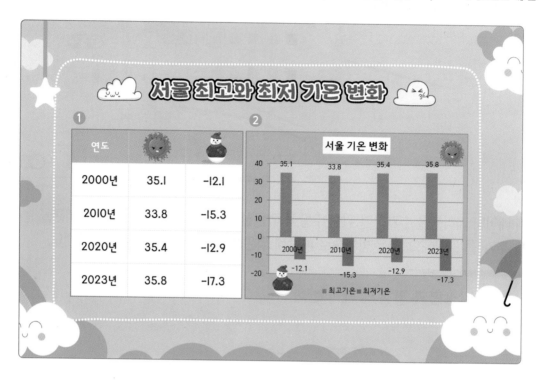

 ▶표 작성(①)

▹ 표 삽입 : 5줄×3칸, 표 스타일(밝은 스타일 2 - 청록 색조(▨))

▹ 표 글자 서식 및 그림 : 글꼴, 글자 크기, 그림 삽입(태양.png, 눈사람.png)

▹ 표 데이터 : 통계로 시간여행 사이트에서 '최고기온(서울)'과 '최저기온(서울)'을 이용하여 연도별 값을 입력

▶차트 작성(②)

▹ 차트 삽입 : 묶은 세로 막대형(▥), 필드명(연도, 최고기온, 최저기온), 차트 스타일(스타일 6)

▹ 차트 제목 : 제목 입력, 글꼴, 채우기(밝은 색)

▹ 차트 속성 : 차트 영역 채우기(강조 4), 최고기온 계열 채우기(강조 2), 최저기온 계열 채우기(강조 1), 데이터 레이블 추가

▹ 차트 그림 : 표 그림을 복사, 글자처럼 취급 해제, 글 앞으로

HINT ★ 차트 속성 : 흰색 차트 영역을 더블 클릭하여 채우기 색을 '강조 4'로 변경한 후 '최고기온 계열'과 '최저기온 계열'을 차례대로 선택하여 채우기 색을 변경

메일 머지로 학생증 만들기

인공지능 ··· 학생들의 이름을 지정한 수 만큼 표 형태로 만들 수 있어요.

한글 ··· 메일 머지 표시 달기로 원하는 위치에 데이터를 넣을 수 있어요.

한글 ··· 메일 머지 기능을 이용하여 여러 개의 학생증을 만들 수 있어요.

오늘의 작품

📁 **실습 및 완성파일** [Chapter 19] 폴더

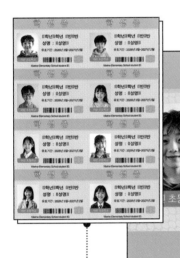

학 생 증

{{학년}}학년 {{반}}반

성명 : {{성명}}

유효기간 : 2026년 3월~2027년 2월

Marine Elementary School student ID.

학 생 증

{{학년}}학년 {{반}}반

성명 : {{성명}}

유효기간 : 2026년 3월~2027년 2월

마린 초등학교

Marine Elementary School student ID.

학 생 증

{{학년}}학년 {{반}}반

성명 : {{성명}}

유효기간 : 2026년 3월~2027년 2월

마린 초등학교

Marine Elementary School student ID.

학 생 증

{{학년}}학년 {{반}}반

성명 : {{성명}}

유효기간 : 2026년 3월~2027년 2월

마린 초등학교

Marine Elementary School student ID.

학 생 증

학 생 증

오늘의 OXOX 메일머지 기능은 데이터 파일과 양식 파일을 결합하는 기능이야!

맞아! 내용이 모두 같고 이름이나 주소 같은 내용만 다를 때 사용하면 편하지.

아니지! 지정한 곳에 데이터 전체를 끼워 넣어 합치는 기능이지.

01 **구글 크롬(◎)**을 실행하여 검색 칸에 **chatgpt.com**을 입력한 후 [Enter]를 눌러요.

02 초등학생 남자와 여자 이름을 추출하여 표로 만들어요.

> 질문 예   초등학생 남자 3명과 여자 5명의 이름을 성을 포함하여 세로 1*1 표로 만들어줘.

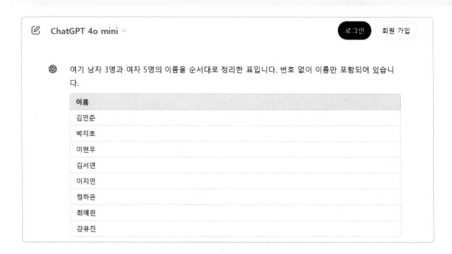

03 결과가 나오면 이름을 드래그하여 블록으로 지정한 후 마우스 오른쪽 버튼을 눌러 **[복사]**를 선택해요.

04 파일 탐색기(📁)를 실행한 후 [Chapter 19] 폴더에서 **학생증 데이터.xlsx**를 더블 클릭해요. 엑셀이 실행되면 **[C2]** 셀을 클릭한 후 [Ctrl]+[V]를 눌러 붙여넣고 **저장(💾)**을 클릭해요.

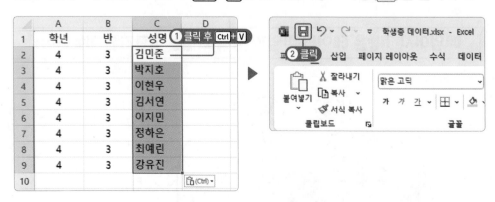

STEP 2 메일 머지 표시 달기

01 한글을 실행한 후 **학생증.hwp** 파일을 불러와요. 첫 번째 학생증 사진 오른쪽에 커서를 위치시킨 후 [도구] 탭-[메일 머지]-[**메일 머지 표시 달기**]를 선택해요.

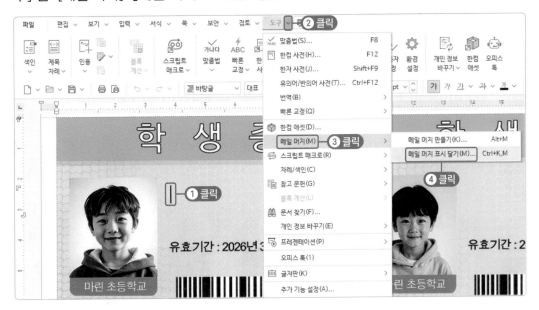

02 [메일 머지 표시 달기] 대화상자가 나오면 [필드 만들기] 탭에서 **학년**을 입력하고 <넣기>를 클릭해요. 메일 머지 표시(**{{학년}}**)가 삽입되면 뒤에 **학년**을 입력하고 Space Bar 를 눌러요.

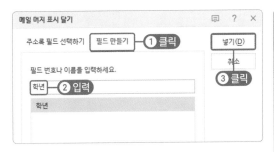
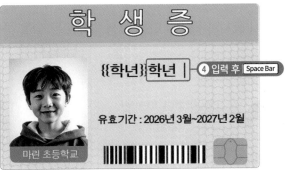

03 다시 [도구] 탭-[메일 머지]-[**메일 머지 표시 달기**]를 선택하여 [메일 머지 표시 달기] 대화상자가 나오면 [필드 만들기] 탭에서 **반**을 입력하고 <넣기>를 클릭해요.

04 메일 머지 표시(**{{반}}**)가 삽입되면 뒤에 **반**을 입력하고 Enter 를 눌러요. 줄이 바뀌면 **성명 :**을 입력한 후 Space Bar 를 눌러요.

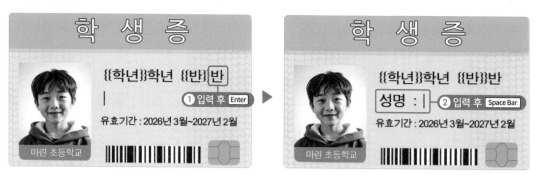

05 같은 방법으로 [메일 머지 표시 달기]로 **{{성명}}**을 추가한 후 마우스로 드래그하여 블록으로 지정하고 Ctrl + C 를 눌러 복사해요.

06 메일 머지 표시가 들어갈 다른 학생증의 모든 셀을 클릭한 후 Ctrl + V 를 눌러 붙여넣어요.

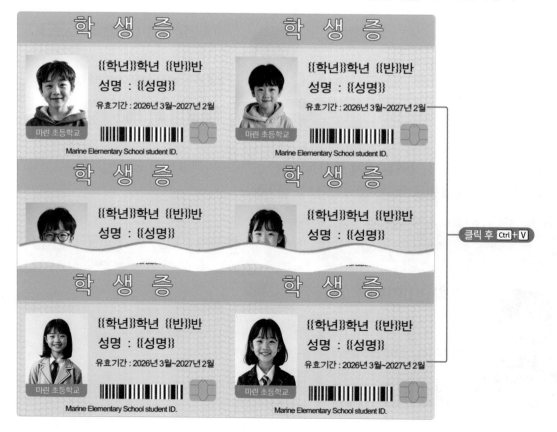

01 [도구] 탭-[메일 머지]-**[메일 머지 만들기]**를 선택해요. [메일 머지 만들기] 대화상자가 나오면 출력 방향-**화면**, 자료 종류-**혼셀/엑셀 파일**로 선택한 후 **파일 선택(📁)**을 클릭해요.

02 [한셀/엑셀 파일 불러오기] 대화상자가 나오면 [Chapter 19] 폴더에서 **학생증 데이터.xlsx**를 더블 클릭한 후 **<만들기>**를 클릭해요.

03 [시트 선택] 대화상자가 나오면 **Sheet1**을 확인하고 <선택>을 클릭해요. 이어서, [주소록 레코드 선택] 대화상자에서 <선택>을 클릭해요.

04 [미리 보기] 창이 나오면 **학년, 반, 성명** 데이터가 학생증에 맞게 들어갔는지 확인한 후 **[닫기(⊗)]**를 클릭해요.

'초대장.hwp' 파일을 불러와 메일 머지 기능으로 초대장을 만들어 보세요.

📁 **실습 및 완성파일** [Chapter 19]–[연습문제] 폴더

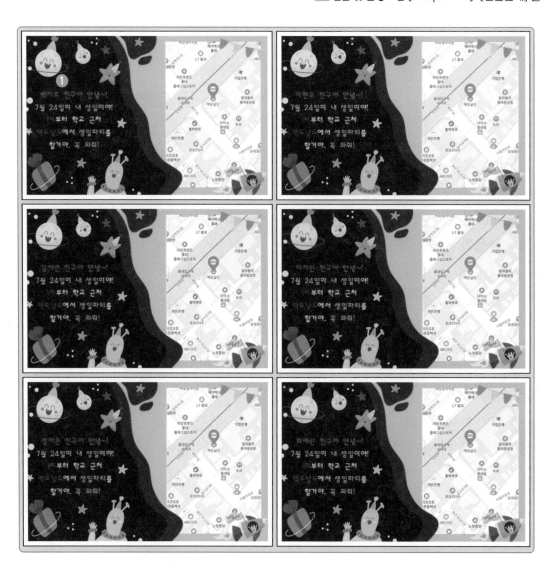

▷ ChatGPT 검색 : 초등학생 6명 이름 검색

질문 예　초등학생 6명의 이름을 성을 포함하여 세로 1*1 표로 만들어줘.

▷ ChatGPT 검색 결과를 복사하여 '초대장 데이터.xlsx' 파일 [A] 열 이름 아래쪽에 붙여 넣기
▷ 메일 머지 표시 달기(❶) : '친구야' 글자 왼쪽에 '{{이름}}' 지정
▷ 메일 머지 만들기 : 출력 방향(화면), 자료 종류(흔 셀/엑셀 파일), 파일(초대장 데이터.xlsx)
▷ 미리 보기 : [쪽 보기(▦)]–[여러 쪽]–[3줄×2칸]

학급신문 만들기

인공지능 ··· 학급신문의 구성과 코너의 예시를 확인할 수 있습니다.
한글 ··· 쪽 번호 매기기와 다단을 이용하여 신문처럼 만들 수 있습니다.
한글 ··· 문단 첫 글자 장식과 모양 복사로 서식을 지정할 수 있습니다.

📁 **실습 및 완성파일** [Chapter 20] 폴더

반장과 부반장을 뽑았어요.

2 학기 동안 우리 반을 대표할 반장 선거가 있었어요. 반장은 사진에서처럼 잘생긴 김동욱 친구가 되었어요. 부반장은 이서연 친구가 되었고요. 앞으로 힘든 일도 많겠지만 선생님에게 반 친구

2학기가 시작되고 첫 미술 활동으로 시간표를 만들었어요. 김민정 친구가 만든 시간표가 반 친구들이 뽑은 예쁜 시간표에 뽑혀 이번 학기 동안 우리 반에서 사용하게 되었어요. 축하합니다^^

📕 2학기 첫 동아리 활동이 있었어요.

9월 11일에는 첫 동아리 활동이 있었어요. 올해부터는 학생들이 자율적으로 동아리를 만들고 운영하게 되었어요. 보드게임, 댄스 동아리, 로봇 동아리 등 여러 가지 동아리 학생들이 설레는 마음으로 첫 활동을 시작하였습니다.

동아리명	활동
댄스 파파	K-POP 따라 추기

오늘의 QUIZ **다단에 대한 설명으로 잘못된 것은?**

다단을 지정하면 문서를 세로로 나눌 수 있어.

다단을 구분하는 선은 실선 하나만 표시돼.

신문이나 글자가 많은 문서에서 다단을 활용하지!

01 **구글 크롬(◎)**을 실행하여 검색 칸에 **chatgpt.com**을 입력한 후 [Enter]를 눌러요.

02 학급신문을 만들기 위한 내용과 구성을 알아봐요.

> **질문 예** 초등학교 학급신문을 만들려고 해. 어떤 내용과 구성이 좋을까?

03 책 추천 코너를 추가로 알아본 후 예시 결과가 나오면 원하는 부분을 드래그하여 [Ctrl]+[C]를 눌러 복사해요.

> **질문 예** 학급신문 책 추천 코너의 예를 알려줘.

 **챗GPT 결과**

질문 내용을 자세하게 입력할수록 만족도가 높은 결과를 얻을 수 있어요. 단, ChatGPT가 알려주는 결과는 매번 달라질 수 있으니 참고해 주세요.

04 한글을 실행하여 **학급신문.hwp** 파일을 불러온 후 6쪽 맨 마지막에 [Ctrl]+[V]를 눌러 텍스트 형식으로 붙여 넣고 보기 좋게 내용을 정리해요.

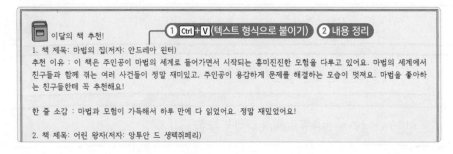

01 [쪽] 탭에서 **[쪽 번호 매기기]**를 클릭해요. [쪽 번호 매기기] 대화상자가 나오면 번호 위치와 번호 모양을 확인한 후 <넣기>를 클릭해요.

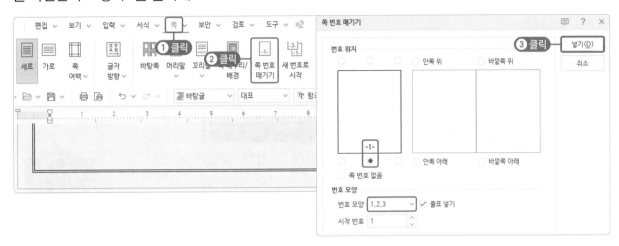

02 이번에는 다단을 설정하기 위해 2쪽의 첫 번째 문장에 커서를 위치시킨 후 [쪽] 탭-[단]-**[다단 설정]**을 클릭해요.

03 [단 설정] 대화상자가 나오면 **모양(둘), 구분선 넣기(체크), 종류(········)**를 지정한 후 <설정>을 클릭해요.

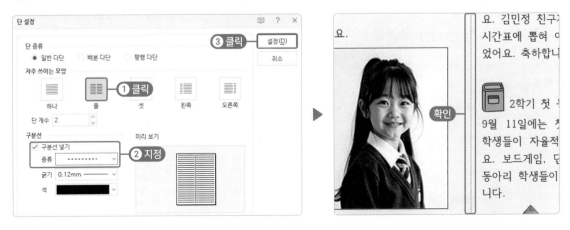

01 2쪽에서 사진 아래 첫 번째 글자인 숫자 **2** 왼쪽에 커서를 위치시킨 후 [서식] 탭에서 **[문단 첫 글자 장식(갤)]**을 클릭해요.

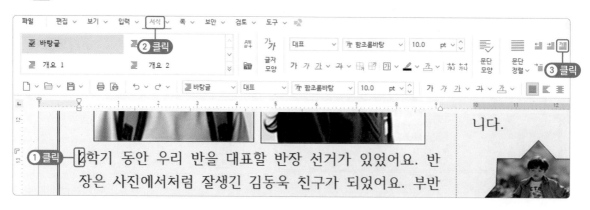

02 [문단 첫 글자 장식] 대화상자가 나오면 모양을 **3줄(갤)**로 선택하고 <설정>을 클릭해요.

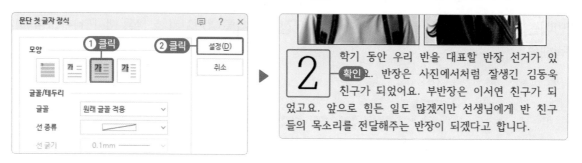

03 2쪽의 첫 번째 코너 제목을 블록으로 지정한 후 [서식] 도구 상자에서 **글꼴**과 **글자 크기**를 지정한 후 Esc를 눌러요.

04 모양을 복사하기 위해 문장 안쪽에 커서를 위치시킨 후 [편집] 탭에서 **[모양 복사]**를 클릭해요. [모양 복사] 대화상자가 나오면 **글자 모양**이 선택된 상태에서 <복사>를 클릭해요.

05 다른 코너의 제목을 블록으로 지정한 후 Alt+C를 눌러 복사한 글자 모양을 적용시켜요. 같은 방법으로 나머지 모든 코너 제목에도 똑같이 글자 모양을 적용시키세요.

06 3쪽의 세부 항목을 블록으로 지정한 후 [서식] 도구 상자에서 **글자 크기, 글자색, 진하게**를 지정한 후 Esc를 눌러요.

07 문장 안쪽에 커서를 위치시킨 후 Alt+C를 눌러 **글자 모양**을 복사해요.

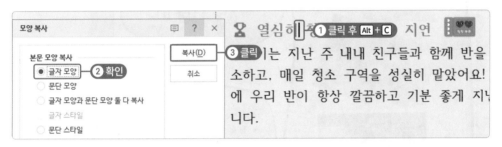

08 다른 세부 항목들을 블록으로 지정한 후 Alt+C를 눌러 복사한 글자 모양을 적용시켜요. 같은 방법으로 다른 세부 항목들도 모양 복사를 적용해 보세요.

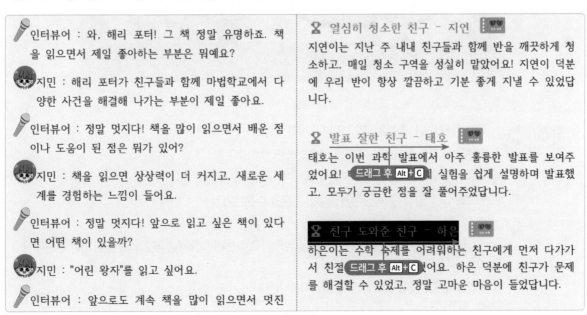

나만의 작품

'가족신문.hwp' 파일을 불러와 다단으로 구분된 가족신문을 만들어 보세요.

📁 **실습 및 완성파일** [Chapter 20]-[연습문제] 폴더

작성 조건 ★

▸ 다단(❶) : 단 개수(2), 구분선 넣기 체크, 종류(— — — —)

▸ 문단 첫 글자 장식(❷) : 모양(2줄 📰), 면 색(초록)

▸ 쪽 번호(❸) : 번호 위치(가운데 아래), 번호 모양(①,②,③)

▸ ChatGPT 검색 : 가족신문에 들어갈 가훈을 추천받기

> **질문 예**   가족신문 코너에 가훈을 넣으려고 하는데 초등학생 기준으로 몇 가지만 추천해줘.

▸ 글맵시(❹) : 원하는 스타일로 글맵시를 이용하여 가훈 넣기

OTT 첫 화면 만들기

CHAPTER 21

인공지능 ··· OTT 서비스의 의미와 좋아하는 콘텐츠를 검색할 수 있습니다.

인터넷 ··· Wavve에서 영화를 검색하고 캡처할 수 있습니다.

한글 ··· 동영상과 하이퍼링크로 OTT 서비스를 만들 수 있습니다.

오늘의 작품

📁 실습 및 완성파일 [Chapter 21] 폴더

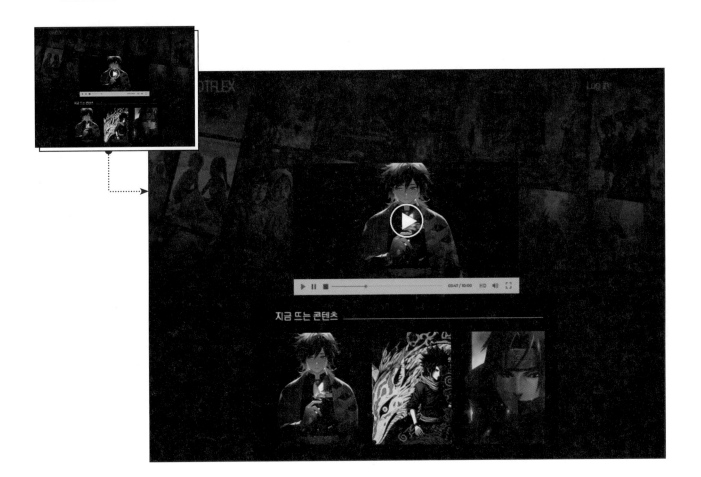

오늘의 OXOX   OTT 서비스는 영화나 TV 방송 등을 인터넷으로 시청할 수 있는 서비스지.

나도 넷플릭스에서 '슈퍼 마리오 브라더스'라는 영화 봤지. 이런 걸 OTT라고 하는 거야.

아니지. 영화, 드라마, 예능 방송을 내 컴퓨터에 저장해서 보는 사이트를 말하지.

01 **구글 크롬(◎)**을 실행하여 검색 칸에 **chatgpt.com**을 입력한 후 [Enter]를 눌러요.

02 OTT 서비스에 대해 알아봐요.

> **질문 예**   OTT 서비스에 대해 알려줘.

03 OTT 서비스가 무엇인지 알았다면 'Wavve'에서 인기 있는 콘텐츠 찾기

> **질문 예**   wavve 콘텐츠 중에서 초등학생들한테 인기 있는 콘텐츠를 알려줘.

> wavve 콘텐츠 중에서 초등학생들한테 인기 있는 콘텐츠를 알려줘.
>
> ⑥ Wavve에서 초등학생들 사이에서 인기 있는 콘텐츠는 대체로 재미있고 교육적인 요소가 결합된 프로그램이 많습니다. 몇 가지 추천할 만한 인기 콘텐츠는 다음과 같습니다:
>
> 1. **어드벤처 타임** - 모험과 유머가 가득한 애니메이션으로, 초등학생들이 즐겨보는 대표적인 콘텐츠입니다. 창의적이고 다채로운 캐릭터들이 등장해 흥미로운 이야기를 펼칩니다.
> 2. **피키 블라인더스** - 이건 어린 학생들에게 적합하지 않지만, 청소년 이상의 연령대에서는 인기를 끌 수 있는 드라마로, 성장과 학습적인 요소가 결합되어 있습니다.

04 콘텐츠 목록에서 가장 재미있을 것 같은 콘텐츠 3가지를 선택해요.

01 구글 크롬에서 새 탭(+)을 눌러 **Wavve(wavve.com)**에 접속한 후 해당 사이트가 열리면 (🔍)를 클릭해요.

02 검색 칸이 활성화되면 챗GPT에서 알려준 콘텐츠 제목을 입력하고 Enter 를 눌러요.

STEP 3 이미지를 캡처하여 한글 문서로 가져오기 한글

01 한글을 실행한 후 **OTT.hwp** 파일을 불러와요. [입력] 탭-[그림]-[**스크린 샷**]을 선택한 다음 [**글자처럼 취급**]을 해제하고 [**화면 캡처**]를 클릭해요.

02 캡처 기능이 활성화되면 Wavve 창에서 캡처할 부분을 드래그해요.

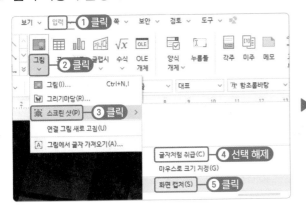 

03 그림이 삽입되면 Shift 를 누른 채 조절점을 드래그하여 필요없는 부분을 잘라낸 후 크기 및 위치를 조절하여 첫 번째 칸에 맞게 그림을 배치해요.

04 01~03과 같은 방법으로 좋아하는 콘텐츠의 그림을 캡처하여 아래 그림과 같이 배치해요.

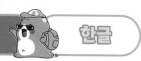

TIP 이미지 제공

[Chapter 21] 폴더에는 그림과 동일한 이미지 3개가 포함되어 있어요.

STEP 4 동영상을 삽입하고 하이퍼링크 지정하기 한글

01 2쪽에 커서를 위치시킨 후 [입력] 탭-[멀티미디어]-**[동영상]**을 클릭해요.

02 [동영상 넣기] 대화상자가 나오면 **파일 선택(📁)**을 클릭하여 [Chapter 21] 폴더에서 **영화1.mp4**를 선택하고 **문서에 포함**을 선택한 후 <넣기>를 클릭해요.

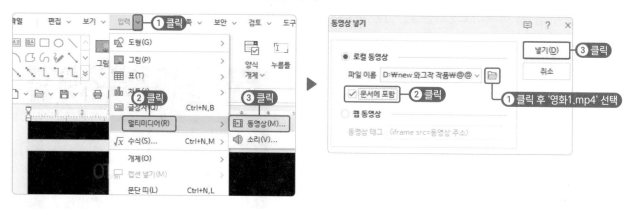

03 동영상이 삽입되면 아래 그림처럼 크기와 위치를 조절해요. 같은 방법으로 3쪽과 4쪽에도 **영화2.mp4**와 **영화3.mp4**를 추가하여 배치해요.

TIP 동영상 파일

영화1~영화3.mp4 파일은 저작권이 없는 동영상 파일이에요.

04 2쪽을 선택하고 [Enter]를 17번 눌러 커서를 중간 위치로 이동시킨 후 [입력] 탭에서 **[책갈피(📑)]**를 선택해요. [책갈피] 대화상자가 나오면 **영화1**을 입력하고 <넣기>를 클릭해요.

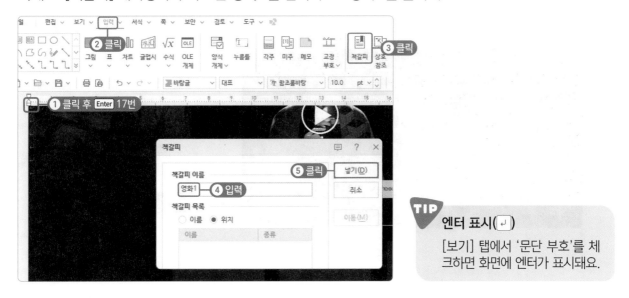

TIP 엔터 표시(↵)

[보기] 탭에서 '문단 부호'를 체크하면 화면에 엔터가 표시돼요.

05 같은 방법으로 화면 중앙에 3쪽에는 **영화2**, 4쪽에는 **영화3**으로 책갈피를 추가해요.

06 1쪽으로 이동하여 **첫 번째 그림**을 선택하고 [입력] 탭에서 **[하이퍼링크(🌐)]**를 클릭해요.

07 [하이퍼링크] 대화상자가 나오면 [흔 글 문서] 탭-[책갈피]에서 **영화1**을 선택한 후 <넣기>를 클릭해요.

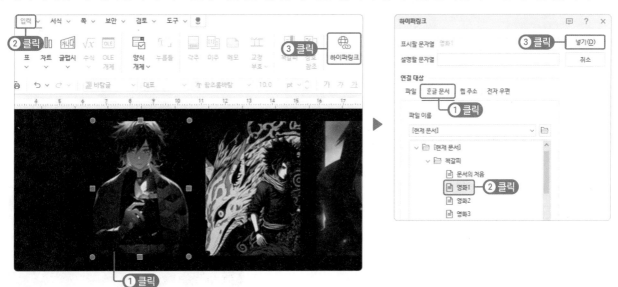

08 같은 방법으로 두 번째 그림(**영화2**)과 세 번째 그림(**영화3**)에 하이퍼링크를 지정한 후 Shift 를 누른 채 3개의 그림을 모두 선택해요.

09 Ctrl + C 를 눌러 그림을 복사한 후 2~4쪽까지 Ctrl + V 를 눌러 붙여넣어요.

① Shift + 클릭

② Ctrl + C → 각 쪽에 Ctrl + V

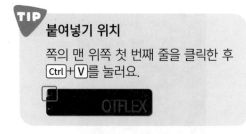

TIP

붙여넣기 위치

쪽의 맨 위쪽 첫 번째 줄을 클릭한 후 Ctrl + V 를 눌러요.

STEP 5 글맵시로 순위 글자 만들기 한글

01 1쪽 맨 위에 커서를 위치시키고 [입력] 탭-[글맵시]-[가나다]를 선택해요. [글맵시 만들기] 대화상자가 나오면 **1**을 입력하고 <설정>을 클릭한 후 P 를 눌러요.

02 [개체 속성] 대화상자가 나오면 [기본] 탭에서 본문과의 배치를 **글 앞으로**, [선] 탭에서 **색(하양), 굵기 (0.5)**로 지정하고, [채우기] 탭에서 면 색을 **검정**으로 변경한 후 <설정>을 클릭해요.

03 같은 방법으로 숫자 2와 3을 만들어 그림처럼 배치해 요. Ctrl 을 누른 채 그림을 클릭하여 해당 위치로 이동 하면 동영상 파일을 확인해 보세요.

'여행.hwp' 파일을 불러와 동영상을 삽입한 후 하이퍼링크를 지정해 보세요.

📁 **실습 및 완성파일** [Chapter 21]–[연습문제] 폴더

▷ 그림 삽입(①) : 스크린 샷 기능을 이용하여 인터넷에서 그림(꽃, 음식, 하늘)을 캡처하여 배치

▷ 그림 스타일(①) : 회색 아래쪽 그림자(🔲) → 그림 테두리 굵기(2mm)

▷ 동영상 삽입(②) : 2~4쪽에 '여행1~여행3.mp4'를 각각 삽입한 후 크기 및 위치 조절

▷ 책갈피 : 2쪽 맨 위에서 Enter를 눌러 페이지 중간에 커서를 위치 → 책갈피 삽입 → 책갈피 이름(2쪽) → 3쪽과 4쪽도 책갈피 삽입(3쪽, 4쪽)

▷ 하이퍼링크(①) : 캡처한 그림을 클릭하면 해당되는 쪽으로 이동

▷ Ctrl을 누른 채 그림을 클릭하여 해당 위치로 이동하면 동영상 파일을 확인

게임 캐릭터 카드 만들기

22 CHAPTER

인공지능 ··· 캐릭터 카드의 구성요소를 확인할 수 있습니다.
한글 ··· 그림과 글상자로 캐릭터 카드를 만들 수 있습니다.
한글 ··· 차트를 이용하여 캐릭터의 능력을 표시할 수 있습니다.

오늘의 작품

🗂 **실습 및 완성파일** [Chapter 22] 폴더

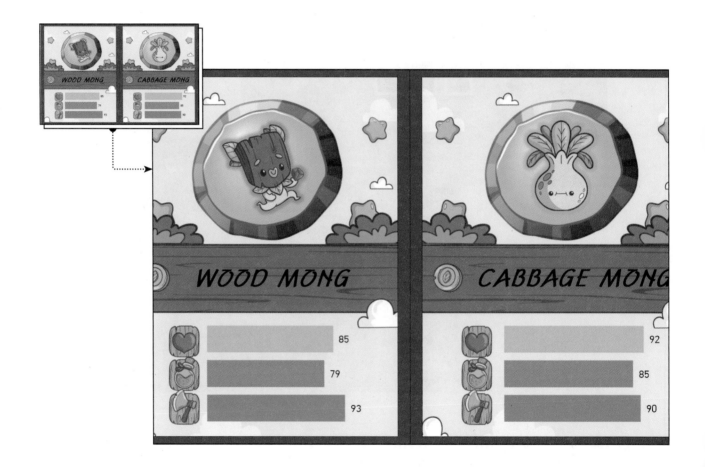

오늘의 **OXOX** **차트는 데이터가 있어야만 만들 수 있다.**

차트를 만들기 위해서는 미리 데이터가 준비되어 있어야 해.

VS

아니지. 차트를 만들고 [데이터 편집] 창에서 직접 입력할 수도 있어!

01 **구글 크롬(◎)**을 실행하여 검색 칸에 **chatgpt.com**을 입력한 후 Enter를 눌러요.

02 게임 캐릭터 카드에 대해 알아봐요.

> 질문 예 게임 캐릭터 카드를 만들려고 해. 카드에는 어떤 내용들이 들어가면 좋을까?

> ⑥ 게임 캐릭터 카드에 들어갈 내용은 게임의 장르나 스타일에 따라 다를 수 있지만, 보통 다음과 같은
> 항목들이 포함되면 유용합니다:
>
>   1. **캐릭터 이름**: 캐릭터의 고유 이름이나 별명.
>
>   2. **직업/클래스**: 캐릭터의 역할이나 직업. 예를 들어, 전사, 마법사, 궁수 등.

STEP 2 그림과 글상자 삽입하기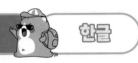

01 한글을 실행하여 **카드.hwp** 파일을 불러온 후 [입력] 탭-[**그림(█)**]을 클릭해요. [그림 넣기] 대화상
자가 나오면 [Chapter 22] 폴더의 **캐릭터1.png**를 삽입한 후 해당 그림을 더블 클릭해요.

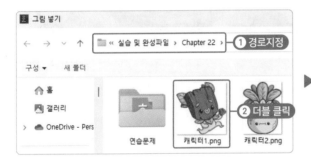

02 [개체 속성] 대화상자가 나오면 [**글자처럼 취급**] 선택 해제 및 [**글 앞으로(█)**]를 선택한 후 가로와 세
로를 **종이**로 선택하고 <설정>을 클릭해요. 이어서, 그림의 위치를 변경해요.

03 그림이 선택된 상태에서 [그림()] 탭-[그림 효과]-[네온]-**[강조 색2, 5pt]**를 클릭해요.

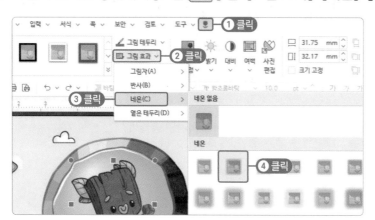

TIP

네온 효과

네온 효과가 적용되면 그림의 위치가 약간 변경되기 때문에 방향키로 위치를 맞춰주세요.

04 같은 방법으로 **캐릭터2.png**를 오른쪽 카드에 추가한 후 네온색을 변경해요.

05 [입력] 탭-**[가로 글상자]**를 선택하여 아래 그림처럼 글상자를 추가한 후 텍스트를 입력하고 글자 서식과 도형 서식을 지정해요.

- 글자 서식 : 글꼴, 글자 크기, 진하게, 기울임
- 도형 서식 : 도형 윤곽선(없음), 도형 채우기(없음)

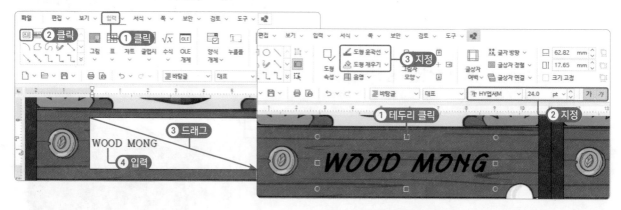

06 Ctrl+Shift를 누른 채 드래그하여 글상자를 복사한 후 텍스트 내용을 수정해요.

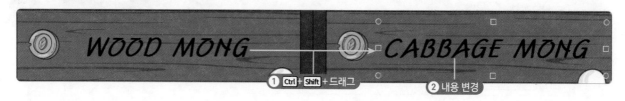

01 2쪽에 커서를 위치시키고 [입력] 탭-[차트]-**[묶은 가로 막대형]**을 선택해요.

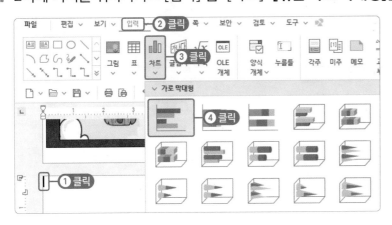

02 [차트 데이터 편집] 대화상자가 나오면 [C] 열에서 마우스 오른쪽 버튼을 눌러 **[지우기]**를 클릭해요. 같은 방법으로 [D] 열과 [5] 행의 데이터를 지운 후 **계열1**에 값을 입력하고 창을 닫아요.

03 차트가 선택된 상태에서 **항목 축**을 더블 클릭해요. [개체 속성] 창의 [그리기 속성(▨)] 탭에서 **채우기**와 **선**을 모두 **없음**으로 선택해요.

04 같은 방법으로 **값 축, 값 축 주 눈금선, 차트 영역**의 채우기와 선도 모두 **없음**으로 지정해요.

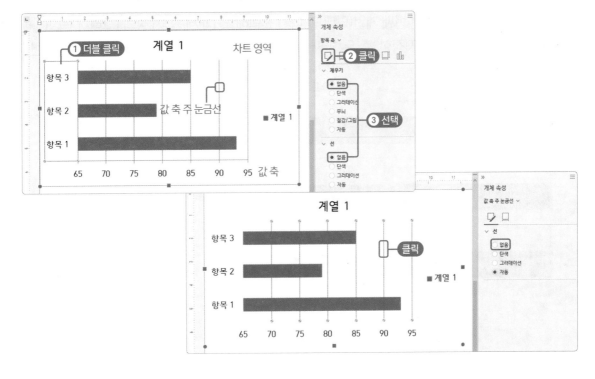

05 **값 축**을 선택하고 [개체 속성] 창의 [축 속성(📊)] 탭에서 **최솟값**과 **최댓값**을 체크한 후 **0**과 **100**을 입력해요.

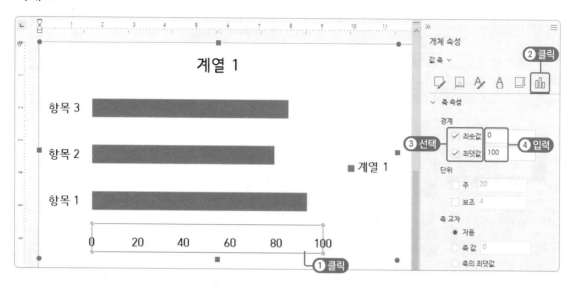

06 **차트 제목**을 선택한 후 [Delete]를 눌러 삭제해요. 같은 방법으로 **항목 축, 값 축, 범례**를 각각 선택하여 삭제해요.

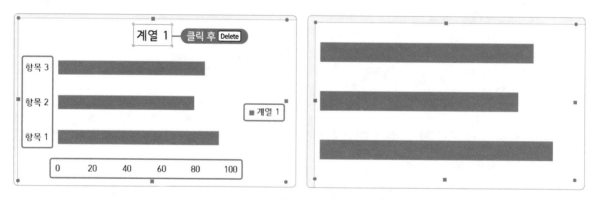

07 전체 계열(막대)을 클릭한 후 첫 번째 계열(막대)만 다시 선택해요. [개체 속성] 창의 [그리기 속성(✏️)] 탭에서 채우기를 **단색-노랑**으로 지정한 후 두 번째 계열은 **주황**, 세 번째 계열은 **초록**으로 색을 변경해요.

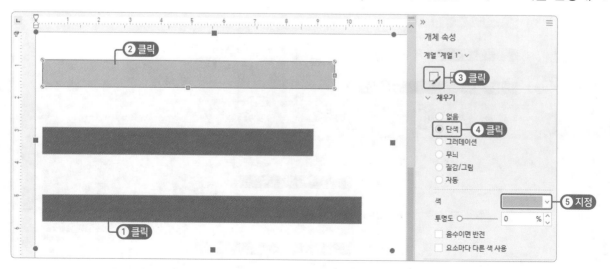

08 전체 계열을 선택한 후 [개체 속성] 창의 [계열 속성(▮▮)] 탭에서 **간격 너비**를 **30**으로 입력해요.

09 전체 계열이 선택된 상태에서 마우스 오른쪽 버튼을 눌러 **[데이터 레이블 추가]**를 선택해요. 이어서, 조절점을 이용하여 크기를 작게 변경한 후 **P**를 눌러요.

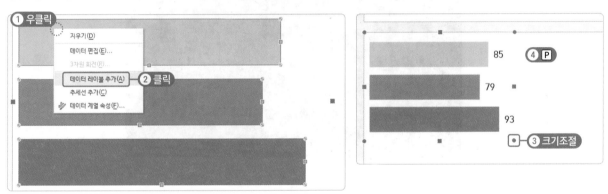

10 [개체 속성] 대화상자가 나오면 [기본] 탭에서 **가로**와 **세로**를 모두 **종이**로 지정해요.

11 차트를 드래그하여 카드 아래에 배치하고 **Ctrl**+**Shift**를 누른 채 차트를 복사해요. 복사한 차트에서 마우스 오른쪽 버튼을 눌러 **[데이터 편집]**을 선택한 후 값을 변경하고 창을 닫아요.

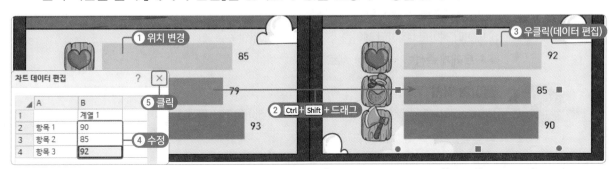

'경연대회.hwp' 파일을 불러와 차트로 점수를 표시해 보세요.

실습 및 완성파일 [Chapter 22]-[연습문제] 폴더

작성조건 ★

▸ 차트 종류 : 묶은 가로 막대형

▸ 차트 데이터

번호	점수		번호	점수		번호	점수
1	97		1	92		1	89
2	89		2	82		2	78
3	92		3	88		3	84
4	95		4	90		4	80

▸ 값 축 속성 : 최솟값(0), 최댓값(100) 지정

▸ '항목 축', '값 축', '값 축 주 눈금선', '차트 영역'은 채우기와 선을 모두 '없음'으로 지정

▸ '차트 제목', '항목 축', '값 축', '범례' 요소 삭제

▸ 계열 속성 : 간격 너비(10%)

▸ 계열 색 : 초록, 주황, 노랑, 보라

▸ 데이터 레이블 : 데이터 레이블 추가, 레이블 위치(안쪽 끝에)

▸ 차트 개체 속성 : 가로(종이), 세로(종이)

HINT ★

레이블 위치

데이터 레이블을 선택한 후 [개체 속성] 창에서 [데이터 레이블 속성(📊)]-[레이블 위치]-[안쪽 끝에] 지정

대한민국~! 태극기 만들기

23 CHAPTER

인공지능 ··· 태극기의 건곤감리에 대해 알아볼 수 있습니다.

한글 ··· 도형을 이용하여 태극 문양을 그릴 수 있습니다.

한글 ··· 도형을 그룹으로 지정하고 회전시켜 건곤감리를 그릴 수 있습니다.

📁 **실습 및 완성파일** [Chapter 23] 폴더

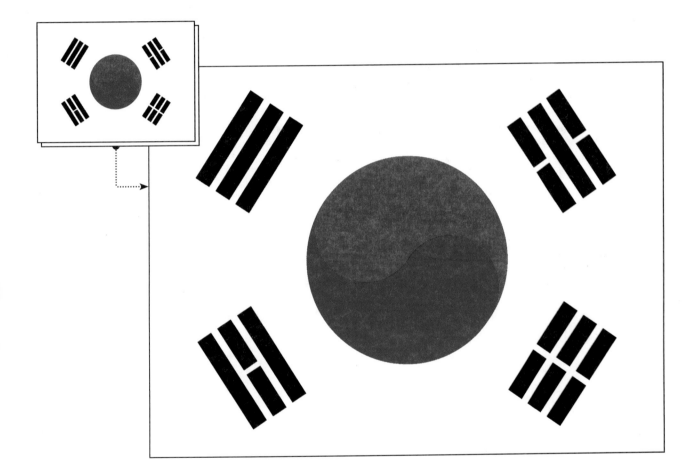

오늘의 QUIZ **건곤감리의 뜻에 대한 설명으로 잘못된 것은?**

건은 왼쪽 위에 위치한 괘로 하늘을 의미합니다.

곤은 오른쪽 아래에 위치한 괘로 땅을 의미합니다.

감은 왼쪽 아래에 위치한 괘로 해와 불을 의미합니다.

01 **구글 크롬(◉)**을 실행하여 검색 칸에 **chatgpt.com**을 입력한 후 [Enter]를 눌러요.

02 태극기의 건곤감리에 대해 알아봐요.

> **질문 예** 태극기의 건곤감리는 어떤 의미가 있을까?

01 한글을 실행한 후 **태극기.hwp** 파일을 불러와요. [입력] 탭에서 **[타원(◯)]**을 선택하고 [Shift]를 누른 채 가운데 사각형 가이드 선에 맞추어 원을 그려요.

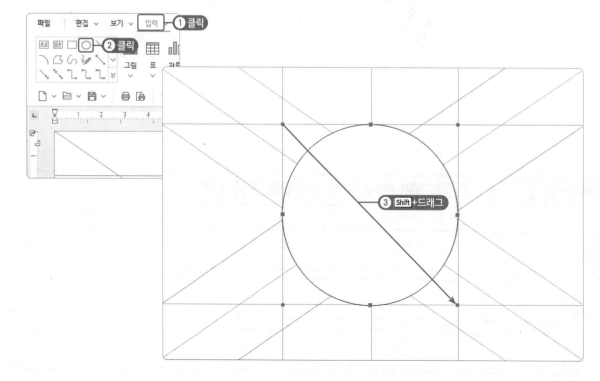

148

02 타원을 선택한 후 [도형(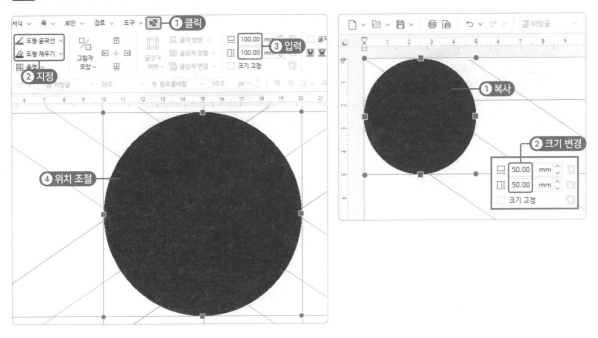)] 탭에서 **도형 윤곽선(없음), 도형 채우기(파랑), 너비-높이(100mm)**를 각각 지정해요.

03 `Ctrl`을 누른 채 왼쪽 모서리로 드래그하여 도형을 복사한 후 **너비-높이(50mm)**를 변경해요.

04 타원을 반원으로 만들기 위해 도형을 선택한 후 [도형()] 탭-[다각형 편집()]-**[다각형 편집]**을 선택해요.

05 타원에 조절점이 나타나면 왼쪽으로 드래그하여 가이드 선에 맞추고 다시 오른쪽으로 조절점을 드래그하여 반원을 만들어요.

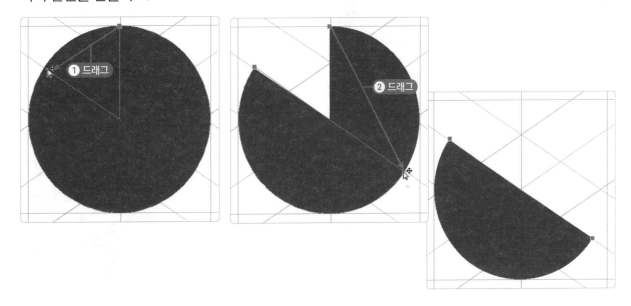

06 Ctrl을 누른 채 드래그하여 반원을 복사하고 [도형()] 탭-[회전()]에서 **[좌우 대칭]**과 **[상하 대칭]**을 한 번씩 클릭해요.

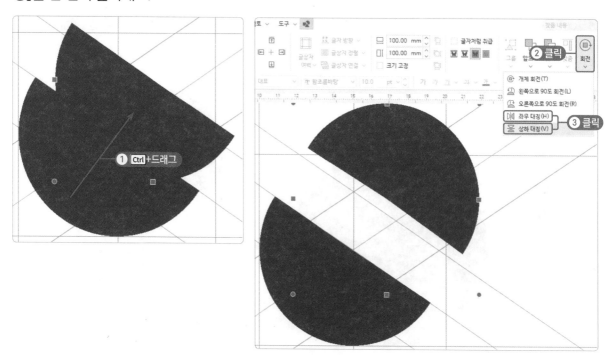

07 복사된 반원을 그림과 같이 배치한 후 [도형()] 탭-[도형 채우기]-**[빨강]**을 선택해요. 이어서, 왼쪽 모서리에 복사해둔 작은 파란색 타원을 드래그하여 아래 그림처럼 배치해요.

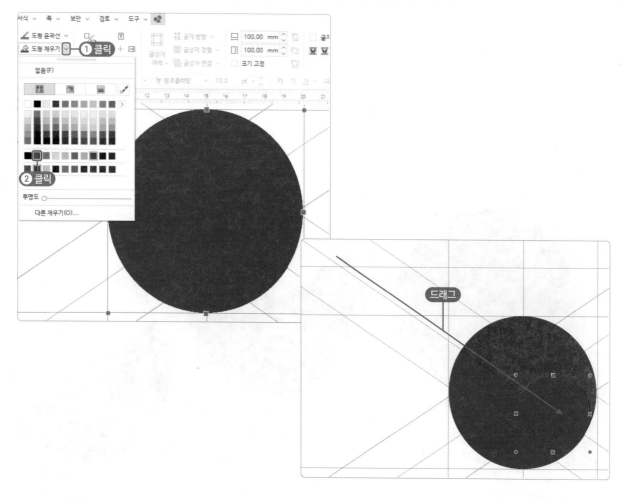

08 Ctrl을 누른 채 작은 파란색 타원을 드래그하여 복사한 후 [도형 채우기]를 **빨강**으로 변경하고 아래 그림처럼 배치해요.

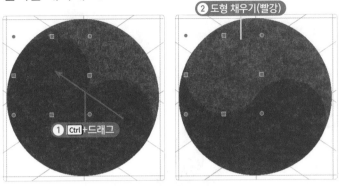

STEP 3 직사각형으로 건곤감리 만들기

01 [입력] 탭에서 [직사각형(□)]을 선택하여 도형을 그린 후 [도형( )] 탭에서 **도형 윤곽선(없음), 도형 채우기(검정), 너비(50mm), 높이(8mm)**를 각각 지정해요.

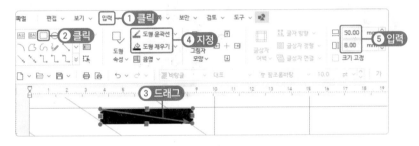

02 Ctrl+Shift를 누른 채 드래그하여 도형 2개를 복사한 후 그림처럼 배치해요. 이어서, Shift를 누른 채 모든 도형을 선택한 후 마우스 오른쪽 버튼을 눌러 **[개체 묶기]**를 클릭해요.

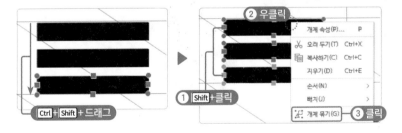

03 [도형( )] 탭에서 [회전( )]-**[개체회전]**을 선택하여 가이드 선에 맞게 도형을 회전시킨 후 키보드 방향키로 위치를 맞춰요.

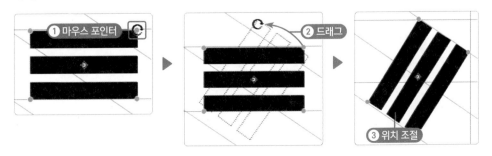

04 Ctrl + Shift 를 누른 채 드래그하여 도형을 복사해요. [도형(🖼️)] 탭에서 [회전(🔄)]-**[좌우대칭]**을 선택한 후 가이드 선에 맞게 키보드 방향키로 위치를 맞춰요.

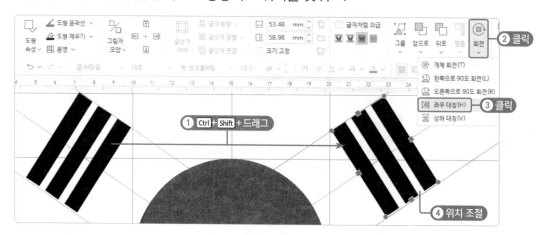

05 Ctrl + U 를 눌러 그룹을 해제하고 양쪽 직사각형의 크기를 줄인 후 아래쪽으로 복사해요. Shift 를 누른채 모든 도형을 선택한 후 Ctrl + G 를 눌러 그룹으로 지정해요.

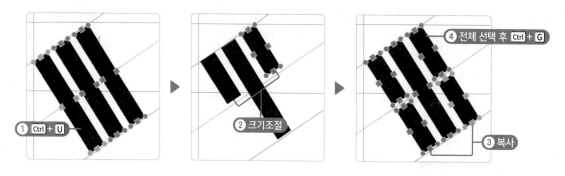

06 같은 방법으로 그룹으로 묶인 도형을 복사하여 태극기의 건곤감리를 완성해요.

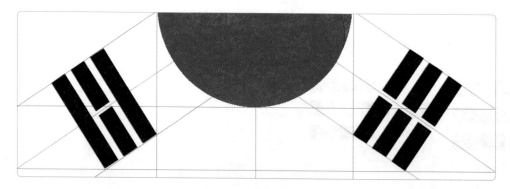

07 가이드 선을 지우기 위해 [쪽] 탭에서 **[바탕쪽]**을 선택한 후 **[바탕쪽 지우기]**를 클릭해요.

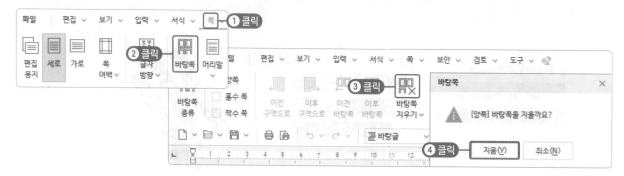

'영국국기.hwp' 파일을 불러와 가이드 선에 맞추어 영국국기를 그려보세요.

📁 **실습 및 완성파일** [Chapter 23]-[연습문제] 폴더

작성
조건 ★

▸ ChatGPT 검색 : 영국 국기의 의미에 대해 알아보기

질문 예   영국 국기는 어떤 의미를 가지고 있어?

▸ ❶ : 직사각형(□)으로 가이드 선을 참고하여 그리기, 도형 윤곽선(없음), 도형 채우기(빨강), 높이(17.30mm) → 도형 복사 후 회전

▸ ❷ : 다각형(⬡)으로 가이드 선에 따라 그리기, 도형 윤곽선(없음), 도형 채우기(남색)

▸ ❸ : 다각형(⬡)으로 가이드 선을 참고하여 그리기, 도형 윤곽선(없음), 도형 채우기(빨강)

▸ 가이드 선 지우기 : [쪽] 탭-[바탕쪽] → [바탕쪽 지우기]

종합평가
인공지능으로 소설책 만들기

지금까지 배운 내용을 이용하여 인공지능으로 소설책을 만들어 보세요.

📁 **실습 및 완성파일** [Chapter 24] 폴더

① ChatGPT를 이용하여 소설 원고 만들기

> 질문 예   용감한 주인공들이 새로운 세계를 탐험하고 위험을 극복하는 소설을 원고지 10장 내외의 글로 써줘.

✏ **ChatGPT 4o mini** ⌄   로그인   회원 가입

　　　　　　　용감한 주인공들이 새로운 세계를 탐험하고 위험을 극복하는 소설을
　　　　　　　원고지 10장 내외의 글로 써줘

🌐   알겠습니다! 주인공이 새로운 세계를 탐험하고 위험을 극복하는 이야기를 원고지 10장 내외로 풀어
　　써볼게요. 여기에 진우라는 12살 소년이 주인공으로 등장하며, 그의 모험과 용기를 그리겠습니다.

제목: 신비한 세계의 문

12살의 진우는 평범한 초등학생이었다. 그러나 어느 날, 일상에서 벗어나게 될 사건이 일어났다. 학
교에서 돌아오는 길, 진우는 우연히 발견한 낡은 서점 앞에 멈췄다. 서점은 오랜 세월이 지나 낡아 보
였지만, 그 안에서 뭔가 특별한 것을 찾을 수 있을 것만 같은 느낌이 들었다. 진우는 문을 열고 들어
갔다.

 **한글 작성조건**

① 편집 용지 설정 : 용지 종류(폭 : 89.0mm, 길이 : 119.9mm), 용지 여백(모두 0.0mm)
② 구역 나누기 : [쪽]-[구역 나누기]
③ 1쪽 배경 : 책 표지 배경.jpg
④ 2쪽 편집 용지 설정 : 용지 종류(폭 : 200.0mm, 길이 : 119.9mm), 용지 여백(머리말, 꼬리말, 왼쪽, 오른쪽 10.0mm, 위쪽, 아래쪽 : 0.0mm)
⑤ 2쪽 배경 : 책 배경.jpg
⑥ 1쪽 표지 그림 : 다각형(⬠)으로 표지에 맞게 도형 추가 후 Ⓟ 누름 → 채우기(그림 : 책 표지 그림.jpg)
⑦ 소설 제목 : 글맵시를 이용하여 소설 제목 삽입, 글 앞으로(▼)
⑧ 소설 본문 내용 : ChatGPT에서 만들어진 내용을 복사하여 2쪽에 붙여넣기
⑨ 다단 설정 : 단 개수(2), 단 너비(82.5mm), 단 간격(15.0mm)
⑩ 쪽 번호 매기기(표지 1쪽 제외) : 번호 위치(왼쪽 아래), [쪽] 탭-[새 번호로 시작] → 쪽 번호 → 시작 번호 (1)
⑪ 문단 첫 글자 장식 : 모양(3줄(가)), 면 색
⑫ 그림 삽입 : 스크린 샷 기능을 이용하여 본문 내용에 맞는 그림을 인터넷에서 캡처하여 삽입한 후 Ⓟ 누름 → [여백/캡션] 탭-바깥 여백(모두 3.00mm), 원하는 그림자 효과 지정
⑬ 페이지 및 문장 구분 : 문장 내용이 다음 페이지로 연결되면 Enter를 눌러 페이지를 구분 → 페이지 내용이 계속 연결되어 있을 경우 읽기 편하게 중간 중간 Enter로 문장을 구분

MEMO